一生使える
スキルが身につく!

弁護士1年目の教科書

中村 真 著

学陽

はしがき

　努力の末につかんだ向日葵のバッジを襟元に着け、今、実務に一歩踏み出したばかりのあなたは、どのようなことを考えているでしょうか。

　「人の役に立つ仕事がしたい」「この法律の世界で名を上げたい」「実務の荒波が不安……」、思いは人それぞれでしょう。果たして自分はどうだったかと思い返してみると、弁護士業務の一日目は、知識・経験がないことに対する不安が7割、その裏返しのような向け先のわからない反発心が3割でした。

　そんな私も弁護士業界に身を置いて既に21年が経ち、良い経験も悪い経験もそれなりに積み上がりました。この本では、そうした筆者の経験（特にこれまで数多くつまずいてきた経験）を元に、正にこれから法律実務の世界に足を踏み入れようとしている方に向けて、心に留めておいてもらいたい弁護士の仕事の仕方や注意点、心構えなどを紹介しています。

　第1章では、まず弁護士として最初に持っておきたい心構えや留意点について、ボスや先輩に対する報告・連絡・相談のあり方、電話応対・身だしなみ・机周りの整え方など、具体的な場面ごとに詳解しています。個別の事件処理に入る前の基本的な事項ばかりですが、弁護士としてのあなたを作る基礎になるものばかりです。弁護士特有の部分が多いので、それなりに社会人経験がある方でも何かしら得るところがあるのでは、と思います。

　続く第2章では、実際に事件を担当することとなった場合に、弁護士・代理人として何を心がければ良いのか、大きなミスなく処理を進めていくためにはどのようなことがらに目配りするべきかを取り上げています。相談・調査・期日対応・起案・研鑽といった弁護士の日常業務ごとの立ち居振る舞い方の他、イソ弁としてキャリアを始めた方向けにボス・先輩があなたに望むことについても触れています。

　第3章では、一人の弁護士として自立していくために欠かせない営業の側面について触れています。ボスや依頼人があなたに期待し、求めて

いること、必要なスキル、事件受任のチャネルの増やし方について、筆者個人の経験と一般論を元に言及しています。

　第4章、第5章では、それぞれ事務所内・事務所外での人間関係や業務のあり方について第2章よりも深く掘り下げています。

　第4章では事務所内での人間関係の築き方、特に新人弁護士として指導を受ける場合の留意点について触れています。また、弁護団事件や他事務所の弁護士との共同受任案件の勘所も記載していますので、イソ弁の方、即独の方を問わず、何かしら得られるところがあるはずです。そして終章となる第5章では、事務所外の人々との接し方にフォーカスしています。裁判所や相手方・相手方代理人、弁護士会との接し方、そして近時注目されることの多い弁護士のSNS利用に関して最低限押さえておきたいことにも触れています。

　本書で取り上げた内容は、筆者個人の経験のほか、これまで多くの方からいただいた意見や悩み、生み出された知恵を元にしていますが、本書は「あるべき新人弁護士像」を提示しようと試みるものではありません。普段の業務処理や研鑽について考えるきっかけとなること、また弁護士として迷ったときに、進むべき道を再び見つけ出すヒントになることを目指して書いたものです。そうした意味で、本書は最初に手に取る「教科書」に過ぎず、皆さんがこれから大きく成長して行くためのきっかけとなるものです。

　この本が、皆さんの実りある弁護士人生の導入期に、何かしらの支えになれたとしたら、筆者としては望外の喜びです。

　　令和6年10月

弁護士　中村　真

Contents

はしがき... 3

 弁護士の
ビジネスマナーの超基本

① 「センセイ」ではなく社会人1年目としての自覚を............... 10
② 弁護士になったあなたを、どんな業務が待っているか........... 16
③ 業務を溜め込まない効率的な毎日を過ごす....................... 22
④ 弁護士業務ならではの報告・連絡・相談......................... 28
⑤ 電話応対では相手への気遣いを忘れない......................... 34
⑥ 記録・資料管理には「効率」と「セキュリティ」の意識を....... 38
⑦ 「ぶっつけ本番」で打合せに臨まない........................... 42
⑧ 身だしなみを整え、選んでもらえる弁護士に..................... 46
⑨ 机周りを片付け、ものを探す時間を減らす....................... 50
⑩ 依頼人との接し方は何年経っても悩み所......................... 54
⑪ 事務局スタッフは弁護士に不満を持ちやすい..................... 58

Column 1　効果的な知識の習得　　　　　　　　　　　　　　64

さあ！ボスから仕事がきたぞ

① ボス弁や先輩弁護士があなたの仕事に期待すること……66
② ボス弁・先輩弁護士との接し方……70
③ 法律相談の腕を磨いていく……76
④ 受任時にまずすべきこと……80
⑤ 空転させないよう期日の準備は早いうちに……82
⑥ 事実調査、リーガルリサーチのコツ……86
⑦ 他士業や研究者の頼り方……92
⑧ 期日に臨む前にすべきこと……96
⑨ 期日当日がやってきた！……98
⑩ 期日直後の業務も抜かりなく……104
⑪ 起案の前に必ず押さえたいこと……106
⑫ それでは起案に取り組んでみよう……112
⑬ 一つの仕事を任せてもらえるレベルを目指そう……120
⑭ 「教えてもらう」より「盗め」……122

Column 2　「ボスの言うことが変わる」問題　124

第3章 依頼がないと始まらない！営業活動きほんのき

① いずれはあなたも仕事を獲ってくるのだ ……………………… 126
② どういう弁護士が依頼人にとって好ましい？ ……………… 130
③ 営業チャネルをどんどん増やそう ……………………………… 134

Column 3　ボスとイソ弁は一蓮托生　　　　　　　　　138

第4章 事務所内の振る舞いで存在感を発揮する

① 指導を「受ける側」にもコツがある ……………………………… 140
② 正しい質問の仕方とはどんなもの？ …………………………… 142
③ ボス弁・先輩弁護士に起案を見てもらうときの心配り … 144
④ その〆切は誰のもの？ ……………………………………………… 148
⑤ チームを組んで動くときは ………………………………………… 152

Column 4　事務局スタッフとの衝突の思い出　　　　156

第5章 事務所外の関係者からも信頼されよう

① 裁判所のルールを踏まえて接しよう ……………… 158

② 事件の相手方とは自覚的に距離をとる ……………… 162

③ 信頼関係を築ける相手方代理人であるか？ ……………… 166

④ 弁護士は弁護士会なしでは存在できない ……………… 170

⑤ 外部との日程調整では細心の注意を払う ……………… 174

⑥ SNSに足を引っ張られないこと ……………… 178

Column 5　病んでしまう法律家　　　　　　　　　　　182

弁護士の
ビジネスマナーの
超基本

1 「センセイ」ではなく社会人１年目としての自覚を

1　「センセイ」ではなく、あなたらしく

　実務に出たあなたは、バッジを手にするまでに胸に抱いていた弁護士、法律家のイメージと、その実際の姿との間に、多かれ少なかれギャップを感じるはずです。

　世間では「経験も知識もないうちに『先生』と呼ばれて持ち上げられる」と思われがちですが、実際に法律実務の業界に身を置いてみると、必ずしもそうではないことに気付かされます。あなたが仕事で出会う人々には、弁護士と接し慣れている裁判所職員や同業者、顧問先の法務担当者もいれば、普段、弁護士と接すること自体がないという人もいます。ともあれ、今の時代、テレビやネットで情報にアクセスがしやすくなったこともあって、世間一般では**弁護士であることそれ自体にはさほどのありがたみはなくなってきている**ように感じます。これは、今新しく弁護士になる方にとっては、むしろ歓迎すべきことだと私は思います。同じ成果が出せるのであれば、あなたに対する期待度が低い方が相手の主観的な評価は大きくなるからです。

　もしあなたが今、かつての私と同じように漠然とした不安に包まれているのであれば、あまり気負わず、背伸びもせず、まずは自分の目と手の届く範囲を着実に拡げていくことを目指してみましょう。

2　現在地を確認しよう

　弁護士としての人生を歩き出したあなたがまずすべきことは、現在地の確認です。自分が法曹界というオープンワールドに放り出され、これからどこへ向かわなければならないのか、そのためにまず何から始めなければならないのかを明確にすることです。そのためには、まず地図で

自分の立ち位置を正しく確認することが必要です。

　学部やロースクールの修了、予備試験合格の先に司法試験があり、それに合格すれば、司法修習・二回試験を経て、晴れて実務家としての第一歩が始まる。このように、流れだけを見ると法学徒としての生活や修習の延長線上に実務家としての人生があるというのは間違いではありません。ところが、司法修習修了までと、弁護士になってからとでは決定的な違いがあります。それはどのようなことでしょうか。

① 一点突破ではなく線・面での評価にさらされる

　学部やロースクール、予備試験では、継続的な知識の習得とアウトプットを通じて法的知識や思考力を身につけていくわけですが、その評価は講義への参加態度や定期試験といったごく限られたタイミングで行われ、それが成績という形で残されます。これには、試験対策という苦労はあるものの一極集中的な対策である程度事足りるという取り組みやすさがあります。ところが、実務家の業務では、こうした局所的な形ではなく、業務処理全体を通じて常に評価にさらされることになります。

　しかも、プラス方向では「線」ないし「面」での評価が重視される一方、マイナス評価は「点」で行われてしまうという厳しさがあります。つまり、「**信頼を勝ち取るのは長い努力が必要だが、それを失うのは一瞬**」という使い古された警句を、最も強く痛感させられるのが弁護士なのです。

　もちろん、実務家にとっても、個々の案件で具体的にどれだけの成果を依頼人にもたらせたかという受任案件の結果は重要な評価指標です。もっとも、弁護士はそれだけで評価されるわけではありません。人と人との繋がりを業務の重要な基礎としているので、コミュニケーション能力も重要です。アカデミックな知識や分析・判断能力、調査能力だけでなく、持続的な活動を可能とするだけの営業力も問われますし、社会人としての常識・マナーも必要です。また、時として業務を離れた私生活上の言動すらも弁護士としての評価に影響することがあります。

　こうした側面は、世の中に存するほとんど全ての仕事に多かれ少なかれ存在するものですが、弁護士の場合、特にその影響が強く、明確に現

第1章　弁護士のビジネスマナーの超基本　　11

れます。

② 弱点の克服よりも強みの補強を

もう少し前向きな話もしてみましょう。

皆さんはこれまで、学部生やロースクール生、あるいは予備試験・司法試験の受験生として、また司法修習生として、自分の弱点を見つけそれを克服することに注力してきたはずです。試験でも「皆が答えられる問題を落とす」ことを避け、大きな見劣りのする科目・答案を出さないことを意識してきたはずです。これは試験対策という視点では実に正しい戦略です。

ところが、実務家になってからは、**弱点の克服ではなく自分の強みを探してそれを伸ばす姿勢が必要**になります。言い方を変えれば、自分の不得手な分野の知識・経験を補充するかわりに、他の人ではできない自分の得意な業務・分野で勝負するという仕事ぶりや姿勢が求められ、また許されるということです。

古来、この業界でも「スペシャリストかゼネラリストか」という終わりのない議論が繰り返されてきました。そして、法律家が昔ほど珍しい職業でなくなった現在、少なくとも「どんな種類の仕事も満遍なくそれなりにできる」のが弁護士の理想像であるとは言いにくくなっています。

特に昨今は、事業者・自治体の危機管理対応のように専門化が進んだ業務分野が多くなり、また、AIや情報通信技術と契約法がクロスオーバーする領域など新たな活躍の場も生まれてきています。

とはいえ、知的財産法のエキスパートであっても法定相続分がわからないというのでは困りますし、離婚事件のスペシャリストであっても被疑者勾留の期間制限がわからないというのではどうにも心許ないところです。

そのため、スペシャリスト指向を取るにしても、やはり普段、相談者や**自分の関係先から問われる最低限の知識は備えておく必要**があります。

また、以上は純粋な弁護士の業務分野・領域の話であって、これを離れた弁護士業務のバックヤード的なスキル、例えば事務処理能力や時間・タスク管理の能力、業務で関わるスタッフ、関係者等とのコミュニケー

ション能力は、どのようなフィールドで業務をするにせよ、必ず身につけ、維持しておかなければなりません。

3 目的地を確認しよう

　現在地を確認した後に次にすることは、自分が向かうべき先、つまり目的地の確認です。これが明確になると、そこへ至る経路もはっきりとしてくるものです。

　では自分の目的地を見定めるには、具体的に何をすると良いのでしょうか。

　ここは、**3年先の自分のあるべき姿を常に想像しつつ日々仕事をする**ということです。ここで私が述べているのは単なる精神論ではなく、極めて具体的・実践的な内容です。

　まず「あるべき姿」は、できる限り具体的で明確なものを想定しておきましょう。例えば「交通事故事件を30件こなす」「管財人代理業務を少なくとも3件担当する」「他事務所の弁護士との共同受任案件・弁護団案件を5件経験する」といった業務自体に関わるものでもよいですし、「所属している研究会で報告する」「独立して事務所を構える」「3年後の4月に○○の資格試験に合格し登録する」というのでもよいでしょう。自分が少し背伸びすることで届き、かつ自分なりに成長が感じられる目標の設定であれば、他人から見て他愛ないものでも差し支えありません。

　具体的であっても業務や自分の成長と関係が乏しいもの（「全国の裁判所の支部を北から順に暗記する」）ではあまり意味がありません。「社会の役に立つ」「一人前になる」などは、抽象的過ぎて予実管理ができませんし、主観的にオッケーラインを引いてしまいがちです。「少なくとも依頼人5人から事件終了時に自発的な感謝の言葉をもらう」「尋問、和解、依頼人対応を含め、完全に自分一人で処理する案件を○件作る」など、**定量的・数値的に具体化**しましょう。

　おそらくここで大抵「そもそも1年目や登録直後では、自分に何が向いているのか、自分が何をするべきなのか自体がまずわからない」という問題に直面します（私もそうでした）。その場合は、単純に「自分の

第1章　弁護士のビジネスマナーの超基本　　13

したいこと」を仮置きしてもよいですし、周りの先輩の仕事ぶりから設定してもよいでしょう。それも難しければ、とりあえずは事務所・依頼人から与えられる業務やその処理に必要な修練をベースに設定してみるのも一つの考え方です。

　また、ここでは「３年先」という、少しだけ先の未来を考えるところがとても重要です。そして、必ず、そのときに自分が何歳になっているかを考えます。

　10年、20年先を想像することに意味がないとは言いませんが、普通、人生も弁護士業務もそのような中・長期的なスパンで思い通りに進むことはなかなかありませんし、設定期間が長すぎると逆に実現の意思が乏しくなってしまうものです。かといって１年先では、設定する目標としてはいささか近すぎて、現状からの大きな成長・改善の想定自体に現実味がなくなってしまいます。一般に、３年という期間は、今ある手持ちの案件のほとんどが終了する（入れ替わる）期間であり、また今置かれている職務環境で問題となりうる法律（これには事務所のスタイルの他に地域性も影響します）にまず一通り触れるために必要と思われる期間でもあります。つまり、**次の新たな段階に進むための遅すぎず早すぎないタイミングとしての「３年先」**なのです。

　そして、もう一点重要なことは、こうした「３年先のあるべき姿」はあなたが法律家として業務を続ける限り、結構頻繁に変わりうるものだということです。「たまたま共同受任して馴染みのない事件をやってみて興味を持つようになった」というように、弁護士の業務分野やキャリアパスは、思いがけない些細なきっかけで枝分かれすることがよくあります。

　例えば、私は最初に入った事務所で破産事件は多く取り扱いましたが、私的整理に携わるようになったのは同期や先輩の弁護士に誘われて共同受任をしたのがきっかけでした。また、こうした本を書くことを仕事の一つにするようになったのは、趣味でやっていたブログを見て声を掛けてもらったのがきっかけでした。

　年を経るにつれ、知識と経験が増える反面、冒険する体力やフットワークのよさは確実に低下していくので、弁護士としての経験や年齢によっ

ても設定する目標は変わります。

　私は、35歳を過ぎた頃以降にようやくこうした目標設定の大切さを感じるようになったのですが、その時点である程度こなす業務の種類も固まりつつあったので、業務範囲の拡大よりも、今の業務に活用できそうな他資格（中小企業診断士、FP等）の取得や弁護士会の会務等に関する目標を設定するようになりました。ただ、登録後早くからこうした目標設定の重要性を意識できていたら、自分の弁護士人生はもっと違った形になっていたかもしれないと考えることはよくあります。

　そもそもこうした短期的な目標設定は、**目の前で直面している事件や日々の課題だけに意識が向いて視野狭窄に陥ってしまい、弁護士としてのステップアップの機会を見過ごしてしまうのを防ぐために行うもの**だと考えています。

　そのため、目標は常に意識しつつも、それが達成できなかったからといって悲観する必要はありませんし、また周囲の状況や必要に応じて、柔軟に設定し直すことも大切です。

> TIPS
>
> 登録10年を過ぎた頃から、周りから「君は何を目指しているのか」という質問を投げかけられることが多くなる。

第 1 章　弁護士のビジネスマナーの超基本　　15

弁護士になったあなたを、どんな業務が待っているか

1 弁護士の労働時間とその使い方

　弁護士の仕事というと、期日で裁判所に出廷し、依頼人や関係者・相手方と交渉し、それ以外の時間はひたすら書面を書いているといったイメージがあります。

　最近は、民事事件を中心にWEBでの手続参加がかなり広がりましたし、予防法務的な業務もあるため、こんな平成のドラマに出てくるようなステレオタイプな弁護士は今はそれほど多くはありません。では、実際、多くの弁護士は日々、どういった業務の仕方、時間の使い方をしているのでしょうか。

　少し古くなりましたが、日本弁護士連合会（日弁連）の2020年の「弁護士業務の経済的基盤に関する実態調査報告書」という資料が非常に参考になります。

　これによると、弁護士の年間の総労働時間の平均値は2321.2時間だそうです。1年はざっくり52週ですから、それで割ると週当たりの労働時間は約44.6時間です。私のように「平日は少々遅くまで仕事してでも土日は働きたくない」という人は結構多いので、さらにこれを5で割ると一日当たりの数値は約9時間弱ということになります。

　「毎日、9時に事務所に出て、お昼1時間休み、少し残業して午後7時に事務所を出る感じ？　意外と少ない」と思いませんか。確かに「毎日終電に間に合えば早く帰れたほう」といった刺激的なエピソードがよく聞かれるのとずいぶん違う印象があります。これはあくまでも平均値ですから、当然、人によっても、また業務の繁閑によっても、労働時間は異なってきます。ちなみに、年間総労働時間の中央値は2340時間となっています。

　事件の種類の方は、これも人や事務所によって大きく違うのですが、

裁判所案件では民事事件36.4%、刑事事件が5.6%です。それ以外の裁判外紛争や契約関連業務、その他諸々の業務が46.1%となっています。平均してみると裁判以外の業務が約半分をしめているということです。

2　弁護士が行う作業

　個々の弁護士が労働時間をどのような作業に割いているかは、一概には言えません。事件によって求められる作業の内容も負担も異なりますし、また人によっても処理のスタイルは違うからです。ここでは大まかなイメージをつかんでもらうために、事件や業務の種類はひとまず置いて、弁護士が行う作業・時間の使い方を最大公約数的な視点からざっくり見てみましょう。

① 起案・文書作成

　訴状、答弁書その他の準備書面、報告書、意見書、あるいは連絡文書など、何かしらの書面を作成している時間です。主に裁判書類を作成する行為を「起案」と呼んで、それ以外の文書作成と区別することが多いですが、起案もそれ以外の文書作成も、誰かが読むための書面を作成している時間という点で本質的な違いはありません。

　書面の文面作成だけでなく、それを必要部数印刷し、証拠とともに提出する作業（事務局スタッフへの指示など）にもそれなりの時間がかかるので、ここでいう起案・文書作成にはそうした附随的な作業も含んでいます。

　多くの弁護士にとって、この起案・文書作成が業務時間全体に占める割合はそれなりに高く、また事件・事案ごとの個別性が高い上、それぞれの頭の整理の仕方や表現の仕方によるところも大きいため、**経験を積んでも飛躍的な時間短縮が難しい**作業です。

② 調査・分析

　受任事件や相談を受けた案件について、処理やアドバイスに必要な情報、争点や法規制、判例・裁判例、学説等を調べている時間であり、資

料や証拠を分析する時間も含まれます。

　これは通常、起案や助言、方針決定といった作業の準備行為として行うものであり、先に見た起案・文書作成が「答案用紙への記述」であるとすれば、調査・分析はそれに先立つ「答案構成」のイメージに近いと言えます。もっとも、演習と違い、自分の中にある知識をもとにした構成作業ではなく、未知の問題・課題の解法を見つけるために行う場面が圧倒的に多いので、起案・文書作成よりも長い時間をかけることも少なくありません。

　逆に言うと、知識や経験を積み増して行き習熟していくことで、その調査・分析にかける時間は次第に短縮できるようになるということです。

③ 裁判等の期日出頭

　弁論期日や公判期日、調停期日などのために裁判所に出廷（出頭）する業務です。

　以前は民事事件について「5分で終わる書面陳述と証拠提出のために、片道2時間かけて遠方の裁判所の弁論準備期日に出頭しなければならない」といったことが普通にあり、弁護士業務の中で移動・出張時間は少なくない割合を占めていました。遠隔地の裁判所への出廷などは、電話会議が認められない場合には半日〜一日仕事ですが、その大半は移動時間なので、いかにして移動時間に他の業務を効率よくこなすかというのが、弁護士業務にとっての一つのライフハックにもなっていたのです。

　最近は民事事件の期日における争点整理の重要性や口頭議論の活発化が意識されるようになってきたので、「5分で終わる弁論準備期日」というのは大きく減りました。

　一方、民事事件では、民事裁判IT化の流れに新型コロナウイルス感染症の蔓延という事情も重なり、WEB裁判形式の期日実施が普及して、今までのような移動時間の負担は劇的に改善されました。また、同様の取組みが倒産事件や家事事件にも徐々に広がりを見せるようになっています。

　このような手続改善の流れはこれからも進むと考えられ、弁護士が裁判所に行くことの方が珍しくなってくるかもしれません。

④ 面談・電話での折衝・協議

　依頼人や相手方と電話や面談で協議・交渉するという業務です。誰か他の人と相対し、自分の意見や主張を伝え、あるいは着地点を見据えて交渉する場面です。

　書面の往復で協議を行うことも多いのですが、相談者への対応や相手方との条件交渉で急を要する場合は面談や電話による方法で直接的に協議をすることもあります。比較的「弁護士らしい」業務の一つと言えます。面談・リモートツール利用で行われる法律相談もここに含めてよいでしょう。

　折衝・協議の業務では、弁護士は常に脳をフル稼動させながら相手に伝える内容を考え、また相手の言葉や様子を見てリアルタイムで、インタラクティブ（双方向）のコミュニケーションを行うことになります。事務所のスタッフや協働している弁護士と話す場面と異なり、そこには必ず「内」と「外」があり、**「伝えなければならないこと」「言ってはならないこと」**があります。その意味で、裁判期日におけるやりとりと共通する部分は多いのですが、ここでは一応裁判手続外として区別しています。

　起案・文書作成や調査・分析に比べると、業務時間全体に占める割合はそれほど大きくはないのですが、弁護士のイメージの上でも、また実際の処理の上でも極めて重要性の高い業務です。

⑤ 会合への出席

　裁判所と弁護士の協議会、所属弁護士会・組織の委員会や定例会議、業務に関連する団体の会合などに参加するというものです。その重要性や出席する際に心躍るか否かは組織や会合の種類や性格、自分の業務への影響によって濃淡がありますが、仕事の一側面であることは間違いありません。

　出席やその前後の資料の確認に相応に時間がかかるため、他の急な予定のためにキャンセルすることも珍しくないのですが、最近はZoom等のリモートツールでの開催が増え、参加のハードルは低くなっています。

⑥ メール・FAXの確認

　弁護士業務の中で、本来、他の業務に付随するものであるにもかかわらず、無視することができないほどの時間コストがかかる作業に、メール・FAXの確認があります。

　法律実務業界では、他の業界ではあまり見られなくなったFAXが未だに情報伝達ツールの一軍の地位を与えられており、日々、相手方や事件関係者からの連絡文書、会合の案内、弁護士会会務の案内、営業の連絡などが届くことになります。

　それに輪を掛けて多いのが電子メールであり、事件処理の経験や人間関係の繋がりが増え、また、所属する組織や活動が増えてくると、1日に来る業務関係のメールが100通、200通を超えるということも全く珍しくありません。それらの届いたメールのうち、特に重要そうなものを確認して返信するだけでも、1時間や2時間程度の時間はどうしてもかかってしまいます。「毎日、届いたメールを見る作業が苦痛だ」という声はよく聞きます。

⑦ その他の業務

　弁護士業務は、以上に述べたものの他にも実にいろいろなものがあります。弁護士として関わっている他職の業務（大学等の実務教員など）もあれば、会報や学術誌等への寄稿、書籍の執筆作業などもよくあります。SNS、事務所WEBサイトの更新作業といった営業活動に類する作業もあります。

　以上のように、弁護士業務は、性格や求められるスキル、費やす時間の異なるいくつかの業務で構成されています。

　それぞれがどういった割合で処理されているのかを示すのは難しいのですが、例えば、私の比較的偏りのない1週間の業務内容（合計35時間）で試しに積算してみます。多い順に言うと、起案・文書作成・調査・分析で15.5時間、次に、面談・電話による折衝・協議が6.5時間、会合への出席（主に弁護士会の委員会）が4時間、その他の業務（教員としての業務と書籍の執筆作業）が4時間で、移動時間が5時間でした。会合

と移動時間の負担がやや大きい印象であり、ここはもう少し改善が必要かもしれません。

　以上にみてきたように、今の弁護士の業務は、訴訟やその前段階となる交渉のような紛争処理業務だけに止まりません。紛争予防のための仕事も増えていますし、それ以前に業務分野自体が裁判を離れ、多様化・多角化しています。

　昔に比べて、何でもできるようになった反面、自分がどのような業務にどの程度の期間をかけて習熟していくのかを意識することが重要になったといえます。

イソ弁・即独を問わず、登録後の数年間は弁護士人生の中で経験の蓄積が費用対効果に優先する希有な時代である。

第1章　弁護士のビジネスマナーの超基本

業務を溜め込まない効率的な毎日を過ごす

1 業務スケジュールの組み立て方

　弁護士の手帳やカレンダーアプリを覗くと、打合せや交渉のための面談、裁判期日、会合等の出席といった予定がびっしりと記載されています。これらは移動時間や前の予定が延びた場合のバッファも考慮した上で配置されており、普通、こうした動かせないタスクに合わせる形で起案・文書作成や調査・分析を進めるという業務の流れが生まれます。

　週の終わりに翌週1週間の、また1日の終わりに翌日（翌執務日）の予定を確認し、「自分は来週（明日）何をしなければならないのか」を確認しておく癖をつけておくとよいでしょう。

　おぼろげに「次回期日が11月半ばで、書面提出期限がその1週間前なので、起案は11月に入ってからでもよいか」とのんきに構えていると、いつの間にか提出期限の3日前になっていたりすることがあります。

　また、弁護士の時間の使い方を難しくさせている最大の要因は、こうした**固定された打合せや裁判期日などの動かしがたい予定とは別に、急を要する業務・タスクが突然持ち上がり、その対応を優先せざるを得なくなる**、ということです。

　例えば、提出期限が明日に迫り夕方から起案に取りかかったところ、突如顧問先に事件の相手方が怒鳴り込んだり、先週完成させて提出した報告書に翌朝10時までに修正しなければならない誤記が見つかるといった具合にです。こうしたことは、どうしたわけか、狙いすましたように絶妙なタイミングで起こります。

　こうなると、明日提出予定の起案はとりあえず脇に置いて、目の前に出来した難儀な課題を先に片付けるしかなくなるわけで、当然、業務の予定は大きく崩れ、時間配分の調整が必要になります。

　こうした不測の事態に備えて時間に余裕を持たせた形で業務予定を立

てるのは理想的ではありますが限界があり、きっとあなたにもそれだけ
の時間は与えられていません。「もしもに備えて、一日に入れる期日と
打合せは１件ずつにしたい」と申し出た結果、事務所にあなたの机がな
くなってしまうというのは困りものです。

　こうした難解な事態にあなたが備えられることは以下の三つです。

・自分の起案の所要時間を大づかみしておく
・手元のタスクと期限を見比べ、打合せや期日の合間に、起案・文書
　作成や調査・分析の大まかな順番を週単位、一日単位で仮置きして
　おく
・その際、可能な範囲で処理時間を少し長めに想定し、体力的な余裕
　も残しておく
・（イソ弁であれば）ヘルプを求める場合を想定し、ボスや、兄弁・
　姉弁の予定が確認できる体制を整えておく（手帳・カレンダーでの
　予定の共有など）

　これによって、案件がバッティングして、重要な期限を徒過してしま
うという致命的な事態は避けられることが多いでしょう。

2　効率的な時間の使い方を考えよう

　限られた時間で業務を滞りなくこなすためには、時間の使い方も効率
的でなければなりません。そのためにはいくつかの視点を意識しておき
ましょう。

① 誰かに渡せる仕事はないか

　飛び乗ったタクシーの中で「送っておくべきFAX、依頼人に投げて
おくべきメールを思い出してしまった」ことはありませんか。

　普通、弁護士の業務は、担当する弁護士一人だけで完結することはあ
りません。事務局スタッフに任せるべきタスクもありますし、依頼人や
関係者に処理を頼んだり質問を投げかけたりという作業も必要です。こ
れは一人で事務所を切り盛りする場合でも同じです。

　こうした複数名が関わる仕事をあなたの手元で寝かせてしまうと、他

第１章　弁護士のビジネスマナーの超基本　　23

の人にムダな「手待ち」の状態を作ってしまうことになります。

　もし目の前のいくつかの作業の中に、あなたがこなすことで他に渡せるものがある場合、その処理の優先度は高くなります。

　例えば、記録や資料の整理・仕分け・複製、大量の通知書の発送作業、証拠・一覧表・目録の作成などは、事務局スタッフに担当してもらうことが多いわけですが、これらも弁護士の指示がなければ前に進みません。そうした指示は優先してこなしておくべきです。

　効率的な仕事の仕方という点で**「自分でやった方が早い」という考え方は要注意**です。そうした方法は業務全体で見た場合、あなたしかできない業務に割くべき時間をそうでない作業に振り分けることになってしまうため、通常は非効率なものとなります。

　確かに慣れないうちは、後輩や事務局スタッフの処理時間はあなたよりもかかってしまうかもしれませんが、習熟してからは適切・効率的な分業が可能になるはずです。

② 仕掛かり中の仕事はないか

　ある程度処理に時間がかかる仕事は、えてして「着手したこと」で大きな満足を感じがちです。確かに、取り組むのに気が重い作業は、何もしないまま時が過ぎるのに任せているのと、思い切って１頁目を書き始めたのとでは大きな差があります。

　ですが「仕事の完成」という視点でみると、作業量が80％の仕事も０％の仕事も「期限に仕事が完成していない」という点では全く同じです。生乾きのひどく中途半端な状態で放り込むのでもない限り、「８割しか書けていない起案」には価値はありません。**どれだけ進んでいるように思えても、完成に至っていない仕事ではほとんど意味がないのです。**そして、その結果、あなたがせっかく費やした８割分の作業の価値も失われてしまいます。

　こうした状況は、いくつかの作業を並行して処理している結果生じます。証拠を精査しているときに他の作業が飛び込んできて手が止まることもありますし、長時間の起案に疲れ、気分転換のために他のタスクに移る場合もあります。これ自体は弁護士業務では致し方のないことです。

もっとも、業務の切り換えのたびに前の作業の記憶を喚起するというプロセスが必ず必要になりますし、通してやれば５分ですむ作業が中断を挟んだために倍の時間がかかってしまうこともよくあります。結局、こうした仕掛かり中の仕事が増えれば増えるほど、中途半端な未完成の仕事が増え、業務全体の効率も低下してしまうのです。それよりは、意味のない同時並行的な処理をできる限り減らして、**手元の仕事・作業の中で一つでも二つでも「完成品」が多く（早く）できあがる形で業務の順番を考えるべき**です。

　今直面している複数の仕事の中で、所要時間の長短がある場合、途中で手を止めずに短時間で仕上げられるものがある場合には、それは所要時間が長い作業よりも優先する理由になります。

　例えば、期日ごとの経過報告書や請求書の作成・送付などは比較的短時間に処理できるので、長めの起案に取りかかる前に先に作成や指示を済ませておくべきです。

③ 徹底的な時間の短縮を

　一つ一つの作業にかける時間を短縮することも極めて重要です。

　まず、重複作業を減らせるよう、早い段階から**自分の書式集**を作りましょう。ExcelやWord、一太郎にはテンプレート機能がありますが、自分の書式データをフォルダにまとめて保存していくだけでも業務に大いに役立つでしょう。おそらく実務で、訴え変更の申立書を出す度に根拠条文を調べて全くのゼロから起案する人など一人もいません。

　裁判など法的手続に関係する各種書類だけでなく、処理頻度の高い依頼人・関係者等への説明文書、送付状などもフォーマットを用意しておくべきです。医療機関への画像資料提供依頼書や自賠責保険への請求書類の依頼文書なども、毎回一から作るものではありません。依頼人に送る記入例や説明文書なども、事件名などを除いた統一的なものを一度作っておけば、後の時間短縮になります。

　もっとも、フォーマット作成だけに時間を費やすのは本末転倒なので、事務所や先輩などが整備したものを使える立場にあるのなら、ありがたく使わせてもらうべきです。ただし、その内容はあなた自身もきちんと

理解しておかなければなりません。普通、書面の体裁や表現には個々人の好みがあるので、適宜、必要な部分を盗んで自分の使いやすいように改変していくとよいでしょう。

　また、手作業やマウス、キーボードを用いた繰返し作業も極力減らすべきです。**よく使う単語や文字列は単語登録**を活用しましょう。「何卒宜しくお願い申し上げます」を１音ずつ打つのと、「なによろ」で単語登録して呼び出すのとで、読み手の受ける印象は変わりません。またWord（一太郎）、Excelの**主要なショートカットに習熟する**こと（Ctrl＋Ｚで「やりなおし」、Ctrl＋Ａで「すべて選択」など）も必須です。Word、Excelでは、エクスプローラー左上のクイックアクセスツールバーによく使うコマンドを登録しておくことでAlt＋数字で即座にアクセスできます。

　キーボードの「HOME／END」「PGUP／PGDN」キーもShift＋Pg Up／Pg DnキーやCtrlキーと併せたその使い勝手の良さを覚えると、文書作成に欠かせなくなります。

　マクロ機能活用はやや最初のハードルが高いですが、特にExcelでは繰り返しの単純作業の処理に非常に重宝し、ミスも減らせるのでお勧めです。簡単なものでも使いこなせるようになると、体裁の調整を含む文書の定型的な表現を瞬時に呼び出せるようになるので非常に便利です。

　とにかく「どうすれば極力キーボードからマウスに持ち替えずに作業できるか」という姿勢で、徹底的な入力作業の短縮を図りましょう。

　最近では、パソコンを使って行う単純な繰返し作業の多くをRPA（Robotic Process Automation）技術によって自動化することも可能になっており、ありがたいことにWindowsにもローコードのRPAツール（Power Automate for Desktop）が実装され、利用が広がっています。ごく簡単なファイル操作の繰返しなどの自動化をするだけでもムダを減らすのに大いに役立ちます。

　こうした繰返しの多い作業は、１回１回はわずか数秒程度ですが、**積もり積もると恐ろしい時間数**になります。徹底的な短縮を図ることで、おそらく弁護士業務全体で考えると２〜３回飲みに行けるくらいの時間は稼ぐことができるでしょう。

④ スキマ時間の使い方

　起案や調べ物には適さないわずかな時間や場面でもできることは結構あるものです。例えば、電車やタクシーでの移動中、無意味にスマホをみて時間を消費しがちですが、こうしたときにでもちょっとした調べものはできるものですし、頭の中で事案の法律構成を考えたり、起案や尋問の組み立て方を考えたりすることはできます。

　歩きながらでも電話は可能ですし、ｅラーニングを聴くこともできます。私自身は、耳で聴くだけの方が、手元に資料を用意して動画を視聴するときよりも理解が進み、記憶も定着する感じがします。そのため、私は普段、歩いているときに、依頼人等との簡単な電話連絡を済ませたり、ｅラーニングの倍速視聴をしたりすることが多いです。

　もっとも、これは足りない時間をいかに捻り出すかという話ではなく、限られた時間をどのように効率的に使うかの問題です。緊張状態が続くと人は集中力が低下しますし、人生には緩急が必要です。移動中にリラックスするのも立派なスキマ時間の使い方の一つでしょう。

> TIPS
>
> VBAやPythonなど業務を劇的に省力化してくれる神ツールは多く、ハードルもさほど高くないが、知らない人が多い。

❹ 弁護士業務ならではの報告・連絡・相談

　どのような仕事でもそうであるように、弁護士業務でも報連相（報告・連絡・相談）は重要です。弁護士の場合、事務所内でボス弁、先輩弁護士に接する場面と依頼人に接する場面とがあり、両者は区別して考えるべきです。

1　ボス弁、先輩弁護士への報連相

① 弁護士事務所での「報連相」

　ボス、先輩との関係は、基本的には上司と部下の関係と考えてよいでしょう。少し異なるのは、ミスが生じた場合、いずれにも専門家責任が生じ、弁護過誤や懲戒といった深刻なペナルティが生じうるという点です。そのため、弁護士業務でも、報告と連絡と相談、いわゆる「報連相」は非常に重要です。

　「報告」は、普通、事案の進捗状況や何らかの処理結果・成果を、「連絡」は業務に関する情報や自分のスケジュールなどを、また「相談」は自身で判断がつかない事項やトラブルが発生した場合に対処方針を協議することを指すことが多くなります。

　例えば、訴訟提起や破産手続開始決定があったことを伝えるのが「報告」、担当事件の期日指定や自分の欠勤日を伝えるのが「連絡」に当たるとすれば、事件の相手方から想定していない請求を受けてその対応を協議する場合が「相談」でしょうか。これらは、事務所において、リアルタイムな情報の共有を図り、またトラブル等を未然に防ぐあるいは円滑迅速に対処するために行うものです。

② 伝えるべき場面と伝え方

　ただし、弁護士業務においては、この三つ（報連相）を厳密に区別する実益は大きくなく、それよりも重要なのは伝えるべき場面と伝え方です。

　まずこれらの報連相をどの程度の頻度・深度で行うのがよいかですが、これは任されている業務の内容やボス・先輩とあなたとの関係、あなたの経験の程度によります。

　依頼人から聞かれたことや答えた内容、事案の進捗について逐一伝えようとすると、意味のない情報が多くなりますし、情報の共有自体に時間もかかるので現実的ではありません。そうした冗長なやりとりをしようとすると、あなたに任せている意味がないとボスや先輩はたちどころに怒り出すに違いありません。

　伝える内容は、基本的には、**①ボス等から明示的・黙示的に報告するよう求められている事項**（事件の進捗など）、**②事件処理方針に関わる事項**、**③予想外に発生した事項**を念頭に置いておきます。

　例えば、破産申立てを２か月後に行うという方針のもとであれば、少なくとも１週間ごとに申立書類や資料の準備状況、法律関係の処理状況の概要を伝えるべきで、これはボス等から「あの事件、どうなってるの？」と尋ねられる前に報告を上げられなければなりません。処理の中で想定していなかった資産や負債が見つかったり、明らかに免責不許可事由に該当する事情が見つかったりした場合にも、同様に報告を行い対応を協議するべきということになります。

　ただ、新人のうちは①〜③がどのような場面か、自分が今直面している事態や握っている情報がこれに当たるのかの判断が難しい場合も少なくありません。

　そのために、経験が浅いうちは、あれこれと何でもかんでも報告をしてしまいがちになるのもある程度はやむを得ないことです。これは、情報を抱え込んで伝えなさすぎるよりはずっと良いことです。

第 1 章　弁護士のビジネスマナーの超基本　　29

③ ミスした場合の報告

　単なる報告や連絡であれば問題はありませんが、何かトラブルが起こった場合、特にあなたのミスでそれが生じたという場合はどのように対処すべきでしょうか。請求額を誤っていた、時効期間を誤って徒過してしまったなど、ミスのパターンは様々です。

　ボスや先輩から叱責されることを恐れて、情報共有と相談が遅延してしまうということが弁護士の世界でもよくあります。もっとも、事態が深刻であればあるほど、そうした状態を放置することで状況が好転する可能性は乏しく、**むしろ時間の経過により事態は一層悪くなるばかりです**。また、自分一人で抱え込むと、冷静さを失い、ミスを取り繕おうとしてより大きな過誤を犯してしまうという場合があります。だからこそ、誰かに相談することが大切なのです。

　弁護士業務にとって本当に恐ろしいのは、本来対処が可能であった問題が対応の遅れによって、もはやリカバリできなくなるほどに悪化・重大化することです。それに比べるとボスや先輩に叱責されることなどいかほどのものでもありません。また、事務所のメンバーで協力して対応に当たる方が心の負担も軽くなるはずですが、経験が浅いうちはなかなかそれがわからないものです。

　普段から報告と連絡を適切に行っていたならば、法定の期間制限の徒過のようなリカバリの難しい深刻な問題に至ることは少なく、あなたが重大だと考えていた問題が、経験豊かなボスや先輩にとってはそうではなかったということもこれまたよくある話です。**悪いことほど早めに報告する**態度を身につけたいものです。

④ 情報の伝え方

　情報を伝えるときは、とにかく**手短に、要点に絞って伝える**ということをまず心がけましょう。

　私たちも依頼人とのやりとりでしばしば感じるところですが、経緯から伝えようとするとどうしても冗長になり、伝える相手の時間も無駄に奪うことになってしまいます。基本的な法的知識や情報の共有ができて

いる弁護士同士のやりとりでは、「まず結論や起こったことから伝える」という方法が適していることが多いのです。

例えば、ボスや先輩から「○○さんの申立ての件がどうなったか」を聞かれたら、まず最初に申立てが完了しているか否かを答えましょう。**彼らが必要としている情報がそこだから**です。その上で、申立てが完了している場合にはその日時と今の状態、申立てが未了であれば処理が完了していない理由といつ頃申立てが出来る見込みかを伝えるようにします。

また、質問・相談では「どうしたらよいですか」と訊く態度はできるだけ早く卒業して、**自分で考えた意見・方針やそう考える根拠を用意し**、その意見や方針に問題はあるかを尋ねられるようになりましょう。

なお、（世の多くの上司がそうであるように）**きちんと報告をしていた場合ですら、何か問題が起こった場合に「なぜこんなことになっているのか？」と叱責されること**があります。

口頭だけのやりとりで不安であれば、メールや電話連絡ノートなど、やりとりが形に残る方法で行うことも考えましょう。ただし、メールやノートでは忙しいボスや先輩が見落とすことがあります。重要な情報の伝達にひっそりメールを送るだけというのは不親切ですし、情報の共有が確実にできないのであれば連絡の意味がありません。相手が見落とすおそれがある場合や、一向にレスポンスがない場合には、あなたから口頭で確認と返答を求めるべきでしょう。

2　依頼人への報連相

① 専門家としての責任を忘れない

では、依頼人との関係ではどのように対処するべきでしょうか。

ここでも抽象的には報連相の考え方が当てはまりますが、依頼人との関係では、あなたは依頼を受けた一人の専門家として責任を持って事案を処理するべき立場にあります。また、依頼人に法律の知識や実務経験の十分な理解がないものと考えて接する必要があります。

第1章　弁護士のビジネスマナーの超基本　　31

そのため、ボス等との場合以上に、伝えるべき情報の取捨選択が重要になります。弁護士は依頼人に対して受任案件の報告義務を負いますが（弁護士職務基本規程36条）、これは「必要に応じ」て行うものとされているように、受任事件についてすべての情報を逐一伝えることは想定されていません。

例えば、弁論準備手続期日と書面による準備手続期日の違いなどは特別の事情がない限り依頼人に必要な情報ではないことが多いでしょうし、すべての情報を伝えることでいたずらに不安にさせたり混乱させたりということも懸念されます。また、対立する相手方からの不穏当な罵倒の表現などはむしろ伝えない方が適切な場合もあるでしょう。ここでは、事件処理方針に影響するような事情を中心に報告・連絡・相談の内容を考えることになります。

② まず経験のある弁護士に対応を相談しよう

あなたのミスでトラブルが生じた場合の依頼人への伝え方も、ボス等に対する場合とはやや異なった配慮が必要です。

ここでも、原則として、あなたのミスの内容を依頼人に率直に伝え、対応を協議するべきということになりそうです。そうした内容も弁護士の報告義務の範囲内と考えられますし、それによって信頼関係の破壊に至った場合には、辞任等適切な措置を取る必要もあります（同規程43条）。

もっとも、自らストレートにミスを伝えることによって、依頼人に過度の不安を生じさせたり、ミスの内容に比して過剰な責任追及を受けたりする場合があります。

また、自分のミスで生じた問題について自ら対処しようとすると知らず知らずのうちに冷静さを欠いてしまうため、それがかえって問題の火種を大きくしてしまうことがあります。

実際にはさほど大きなミスではなかったのに、伝え方を間違え、あるいは変に取り繕おうとしたために、依頼人との間の信頼関係が大きく損なわれるということもあります。

ミスをしてしまった場合には、まずはボスや先輩など、より経験のある弁護士に報告してその対応を相談し、依頼人への伝え方、責任追及が

なされた場合の対処方法も含めて協議・検討して、事に当たるべきでしょう。

最近、弁護士の不祥事のニュースが多くなり、「ちょっとしたことで懲戒や賠償責任などの大きな不利益・ペナルティを科されてしまう」イメージを持つ人もいるかもしれません。もっとも、普段から周囲の弁護士・スタッフと適切に情報共有を行い、ミスを無理に取り繕わずに業務を進める姿勢を身につけていけば、たまに小さなミスをしてしまうことはあっても、業務継続を困難にさせるほどの致命的なミスを起こすことはなくなるはずです。

> TIPS

ちゃんと報告していたのに「なんでこんなことになっているのか」と後で言い出すのはボスの基本スキルである。

電話応対では
相手への気遣いを忘れない

1 弁護士業務での電話の正しい使い方

　弁護士業務でも誰かと電話でやりとりすることは多いものです。
　事件の依頼人や相手方、ボス、事務局スタッフなどと事件に関する連絡を行ったり、各種の会社や団体に問い合わせを行ったりとその場面は様々ですが、相手への気遣いを忘れないようにしたいものです。

2 あなたがかける場合

　電話は、メールやFAXに比べて手軽で、相手と繋がれば簡単に用件を済ませることができ、とても便利な文明の利器です。携帯電話であれば、いつどこにいても相手を捕まえられる使いやすさもあります。ところが、話した内容はそのままでは記録に残りませんし、口頭でのやりとりは意外と記憶からも抜け落ちやすいものです。
　業務が忙しくなってくると、電話をかけたかどうか、伝えるべき相手に伝えたかどうかも曖昧になってしまうことがあります。通話内容を録音する方法もありますが、残るのは無味乾燥なファイル名の音声データですから、後からの確認のしやすさはメールやFAXに及びません。
　また、**伝えようとしているその用件自体が電話連絡に適しているかも**考える必要があります。
　事件の相手方に連絡する場合、普通、最初の連絡は、受任の事実やその範囲を明確にするため、受任通知の書面を郵送やFAXで送る場合が多く、**弁護士がいきなり相手方に電話をかけるというのはレアなケース**です。
　電話を受けた相手は、かけてきた番号はわかっても、通話口で話しているあなたが弁護士かどうかの確認が取れません。電話に出た側として

は、いきなりかけてきた弁護士を名乗る人物には相応に警戒心を抱き、対応も慎重になります。

　受任した案件が、一刻も早く弁護士名で一報を入れなければならない差し迫った状況にあるのでない限り、最初の受任連絡はまず肩書きと事務所名、代理人であることを明記した通知書を郵送ないしFAXで送付するのがよいでしょう。

　事件や弁護士会の業務などで誰かにお願いごとをする際にも、事案の内容や相手との関係によっては、電話で簡単に済ませるのではなく、面談したり書面で連絡をしたりする方がよい場合があります（その旨を伝えるために電話でまず一報を入れるということはよいのですが）。

　加害者側の代理人として被害者に示談の申し入れをする場合などは、最初は電話で一報を入れて用向きを伝えてアポイントメントをとり、特に相手が電話でのやりとりを希望するのでない限り、詳しい話は通知書や面談で行う方が上手く進むことが多いです。電話で連絡し、「示談書と振込依頼書を送るから書いて返してください」という態度では、それなりに交渉は難航するように思われます。

　また、電話は手軽な反面、声だけのやりとりになるため、コミュニケーションで重要な情報となる相手の表情が全くわかりません。これは、物理的な意味だけでなく、心理的な意味でも相手に距離を感じさせる原因になります。

　ときどき、電話をかけるとき、事務局スタッフに電話をかけさせ、相手が電話口に出てから弁護士に代わるという対応をしている弁護士事務所があります。

　これはかかってきた電話に応対した側が、電話を受けた側であるにもかかわらず一瞬待たされる形になるため、こうした電話のかけ方を失礼だと感じる人もいます。少なくとも自分自身で相手の電話番号を調べられ、受話器を持ち上げてボタンを押せる若手のうちは、労を惜しまず自分で電話をかけるようにしたいものです。

　また電話をかける場合、**「弁護士」を名乗ってよい相手かどうか**もよくよく考えましょう。世の中には弁護士と連絡を取り合う状況にあることを他人に知られたくない人の方がそうでない人よりも多いからです。

第 1 章　弁護士のビジネスマナーの超基本　　35

依頼人の自宅や職場であっても、あなたへの依頼の事実を伏せている場合がありますから、本人以外の者が電話に出る可能性がある場合には弁護士であるとは名乗らない方がよいことが多いでしょう。そもそも、依頼人とは、受任時に必ず、安全な連絡方法（セキュア・コミュニケーション）を確認しておくべきです。

　一方、事件の相手方に電話で連絡をする場合、携帯電話や自宅以外の場所にかけるのはより一層慎重になる必要があります。特に**相手方の職場に連絡をする際には、本当にそれが必要かを最低2分は考えましょう。**不用意に弁護士名で職場等に連絡を行った結果、紛争の存在が会社の同僚や上司に発覚してしまったとしてあなたが責任追及されるおそれがあります。

　また、当然のことですが、相手方に既に代理人がついている場合には、相手方本人への電話連絡は控えなければならず、何か確認したいことがある場合でも必ず代理人を通じて行わなければなりません。代理人の頭越しに直接相手方に連絡を取ると懲戒の対象となり得る他、それによって損害が生じた場合には不法行為の問題にもなりかねません。

3　あなたが電話を受ける場合

　弁護士にとって、特に依頼人からの連絡に対するクイックレスポンスは非常に大切ですが、業務をしていると、かかってきた電話にいつも出られるわけではありません。胸元で震える携帯電話を気にしながら、中座したりメールを打ったりするヒマもない会議に身を投じ続けなければならないのが弁護士という仕事です。長い割に実のない電話に捕まることが多いのも弁護士業の特徴です。

　もっとも、依頼人や相手方にとって、あなたと連絡がつかない状態が長く続くと事件が前に進まないだけでなく、多大なフラストレーションを感じることになってしまいます。これは依頼人、相手方いずれとの関係においても、事件処理で重要な信頼関係を損なうことに繋がります。

　事務局スタッフが電話応対を担当している事務所であれば、不在中、打合せ中や別件対応中にかかってきた電話の用向きと折り返し先を確認

してあなたに伝えてくれるでしょう。ところが、もしあなたが一人で事務所を切り盛りしているのであれば、電話代行サービスや留守番電話サービスを利用し、できる限りすぐに折り返しできるような体制を整えておくべきです。

　かかってきた電話に対する折り返しは、早ければ早いほどよいということになります。折り返しが遅いと、待っている相手は「事務局スタッフがちゃんと弁護士に伝えていないのではないか」と考え、秘書の方が理不尽に責められることにもなりかねません。これを人ごとだと考えている間に、あなたの事務所での居場所は少しずつ小さくなっていきます。

　会議や裁判期日などで、どうしても当日、相手方の対応できる時間内に折り返しができない場合には、かけられなかった理由の概要とともに「明日すぐに折り返す」旨をメールしておくなどもよいでしょう。

> TIPS
>
> 重要事項の確認の電話は録音しておいた方がよい。また、電話で話した内容は常に相手に録音されているという意識で。

第1章　弁護士のビジネスマナーの超基本　　37

6 記録・資料管理には「効率」と「セキュリティ」の意識を

1 記録・資料管理の方法を決めておく

　事件記録をはじめとする資料は、弁護士にとって業務の根幹をなす情報の集合体であり、それがなければ仕事がなり立たない反面、その扱いや管理に頭を悩ませる非常に厄介な存在でもあります。

　自分の仕事のノウハウやヒントが書かれているというだけであればさして気を遣う必要もないのですが、弁護士が管理する記録や資料には、依頼人や関係者のセンシティブな情報が凝縮されています。そのため、取り扱いには慎重な配慮が必要です。

2 記録・資料管理の仕方

　事務所や執務場所での記録・資料の管理の基本は、整理のルールをきちんと決め、それを愚直に守るということから始まります。

① 事件記録や資料の管理方法

　事件の分類の仕方、資料のデータ化の仕方、ファイル作成方法などが統一的に行われているかは、後の仕事の作業効率を大きく左右します。

　特に、データのファイル名は、後の検索の難易に関わるので、ある程度ルール化しておく必要があります。基本的に、「訴状」「申立書」といった簡易な形よりも「訴状（〇〇・××）」というように、ファイル名から案件の特定（少なくとも区別）ができる形がよいでしょう。ファイルの「更新日時」は上書きですぐに書き換えられてしまうので、繰り返し加工・修正するファイルの前後関係を把握するには適していません。どの段階で作成されたファイルなのかを明示するにはファイル名に日付（20240203など）を入れる方が適していますが、むしろ「倉庫」フォル

ダを作って、古いファイルはそちらに入れ、前後のはっきりしないファイルが乱立しないようにする方が安全です。

　また、訴訟・調停などの事件は、フォルダに事件番号（例えば、神戸地裁の訴訟であれば「○○（神地R6(ワ)1234）」といったように事件番号を記載しておくとよいでしょう。

　事務所外からでもファイルにアクセスできるように、データ管理にクラウドサービスを利用するケースも増えています。クラウドサービスは資料の保管・バックアップの点でも有用ですが、情報管理のセキュリティやプラットフォーマーによるデータ利用の可否などの面から、サービスはきちんと取捨選択したいところです。政府が調達基準を満たしたクラウドサービスを「ISMAP」クラウドサービスリストとして公開しているので、その中から選んでおくとよいでしょう。

　なお、データはいつでも比較的簡単にアクセスでき、複製も容易だという安心感があります。送った送付書の内容がどうであったかを確認するために、わざわざ土曜日に事務所に出て行く必要も、令和になってからはほぼなくなりました。

　ただし、注意点もあります。2020年の夏のある日、事務所の私のパソコンのCドライブが突然クラッシュし、OSごと立ち上がらなくなりました。起案を何本か抱えていたので、その日のうちに修理してくれる業者を探し、暑い中、本体を抱えて徒歩で持ち込んだのですが、HDDの物理的損傷で結局データの復元はできないままでした。

　業者の方の説明を総合すると、HDDは「バックアップを取っていない状況を狙って予告なく壊れる」という特性があるようです。

　幸い、紙で出力していたものからある程度の記録は復元できたのですが、珠玉の書式集が丸々消えてしまい、以後、データの管理にはクラウドサービスを利用し、「ローカルストレージだけにデータを置いている状況」にならないようにデータ管理の方法を改めました。

② 持ち運びの仕方

　最近、午後の裁判所を見ると、旅行に行くのかなと思わせるようなキャリーバッグを引いた弁護士が見られ、入庁時の所持品検査もあいまって、

さながら空港の搭乗ゲートの様相を呈しています。

　とはいえ、急激なWEB裁判の普及によって、徒歩2分の裁判所でも、事務所のパソコンから期日に出席することができるようになり、以前のような「記録は紙かデータか」といった議論には既に半分苔が生えてきています。もっとも、調停や審判など、なお裁判所等に出頭する必要がある手続はありますので、記録をどのように持ち運ぶかは考えておきたいところです。

　閲覧や書き込み、推敲のしやすさは紙のファイルが適していますが、重くかさばることが多いのがネックになります。また、他人がのぞき見ることも容易なので、鞄に入れて持ち歩く際は、ファイルの事件名や当事者名が見えないように記録の背を下にして入れたり、いちいちきちんと鞄を閉めたりするという配慮が必要です。

　一方、検索と保管・持ち歩きはPDF等のデータの形が格段に優れています。パソコンはそれなりの重量がありますが、タブレットやスマホを用いることで、大量の事件の記録、データを簡単に持ち歩くことができるという大きなメリットがあります。最近はPDFファイルへも簡単に書き込みができるアプリが多く出ています。ただし、電池切れ対策が必要になる他、「どうだったかな」と記録のページを繰るような情報の探し方にはあまり向いていないという問題もあります。

　紙のファイルと違って、持ち歩く際もさほど他人の目を気にする必要がなく、またパスコード等である程度情報へのアクセスを制限できるところも大きな利点です。ただし、大量のデータを簡単に持ち歩ける手軽さがある反面、紛失・盗難の場合のダメージは、案件ごとの紙のファイルを持ち歩く場合の比ではありません

　結局のところ、紙のファイルでもデータを収めたデバイスの形でも、情報漏洩のリスクは変わらないので、自分が使いやすい方策を選びたいものです。

③ 情報セキュリティ規程策定の必要性

　日弁連で弁護士情報セキュリティ規程（会規117号）が成立し、2024年6月1日から、個々の会員弁護士も「情報セキュリティを確保するた

めの基本的な取扱方法」の策定が必要になっています。

　対外的な公開が求められているものではありませんが、事務所内での紙媒体・データ形式での情報管理や漏洩防止のための手立てのルールを作り、周知・運用することが求められています。また、この情報セキュリティに関する個々の弁護士の取扱ルールは今後も継続的に見直しが求められることになるはずです。

　技術革新で便利になる一方で、それによって生まれた新しい危険についてもきちんと理解し、適切に対応していくことが必要な点では法改正への対応と大きく変わるものではありません。

TIPS

弁護士、裁判官、検察官を問わず、事件記録を職場の外で紛失したことで法曹の人生が一変する人が少なくない。

「ぶっつけ本番」で打合せに臨まない

1　予定の設定と準備

　依頼人や関係者等と打合せ・対面相談を行うことは多くあります。法律相談、事件の方針協議、経過報告、事情聴取など、場面は様々ですが、普通、電話やメールでは済ませられない用件であるため、時間もかかります。一日に二件、三件と打合せの予定が入っていると落ち着かない気分になりますし、業務終了時にどっと疲れを感じることがあります。

　それだけ打合せや面談があなたの業務にとって大きなウエイトを占めているということですが、同時に面談する相手も貴重な時間を割いているということを忘れてはいけません。

　まず、面談の予定の入れ方と準備についてです。目的や話し合うべき内容が双方できちんと共有されていないと、話し合いも冗長になり、また聞き忘れ、確認し忘れが生じるといった大きなムダも生まれます。

　あなたから持ちかける場合には、まず、なぜ面談が必要なのか（何を話し合い、確認するのか）を明示した上で面談の提案をしましょう。そして、可能な限り、そこで話し合う内容とだいたいの所要時間（「1時間程度」などで構いません）を伝えます。そうすることで相手も日程調整がしやすくなります。

　ただ、その際に、どの程度まで話し合う内容を事前に詳しく説明するかは考えどころです。事件について厳しい見通しを伝えるときや相手にとって容易に受け入れがたい内容を話題にするときは、先にメールや電話で概要だけを伝えてしまうと、かえって反発を招き、面談の場でも話し合いがスムーズに行かなくなるおそれがあります（これには、面談と違い、電話やメールでの連絡は言外の真意や言葉にしにくい微妙なニュアンスを伝えにくいという点も影響しています）。

　一方、依頼人・相談者等から持ちかけられた場合でも、その目的・趣

旨は確認しておくべきでしょう。依頼人からの申出の場合、しばしば「さほど実のない面談に長時間を費やしてしまう」ということが起こります。これは、時間を切り売りしている面のある弁護士にとっては避けなければならない事態です。予め依頼人からの面談の趣旨を聴き取り、話が長くなりそうな場合は、**面談予定を設定する際に、あなたが対応可能な時間がどの程度かを伝え、また、後の予定があることや面談の終了時間も予め説明しておく**とよいでしょう。「適当な時間で話を切り上げて、別の案件の起案をしないといけない」というのも立派な「後の予定」になりますが、これを正直にすべて説明する必要はありません。

　また、注意しておきたいのが日程調整の方法です。

　あなたから候補日時を投げかける場合は、少なくとも2〜3件の候補を挙げるべきですが、**カレンダーを候補日で埋めてしまうと予定が確定するまで他の予定が入れられなくなってしまう**ので、「空いている日・時間帯を漏れなく候補日として伝える」というのは、よほど緊急性・重要性・優先性が高い案件でない限り避けた方が無難です。また、相手から候補日をもらったときは、すぐに予定を確認して返答しましょう。あなたとの間で日程が固まるまで、相手はその仮予定をずっと維持しなければならないのです。

　面談を実のあるものにするには、ある程度、**事前に情報や資料を共有**できている必要があり、それによって相手もあなたも心と時間に余裕を持った対応が可能になります。一方、面談の場でゼロから聞くようでは、聴取に時間がかかりムダも大きくなってしまいます。

　面談であなたから相手に確認・説明する内容があるときは、A4版1枚程度に項目を列記した簡単なアジェンダ（議題）を用意しておくと、話し合いをスムーズに進められ、説明や聴取の漏れをなくすのにも役立ちます。少し複雑な当事者の関係や利益状況、処理方針を説明する場合には、模式的に表したスキーム図があるとわかりやすいでしょう。これもA4版1枚程度で一覧できる形に作成し、わかりやすさのために何を記載し、何をあえて記載しないかを十分に検討する必要があります。

第 1 章　弁護士のビジネスマナーの超基本　　43

2　面談の際の工夫

　依頼人・関係者から事情を聞き取りつつ陳述書や報告書を作成する場合がありますが、これは事情聴取・事実確認、起案、確認、修正、署名捺印という作業が必要になります。聴取をゼロから始める場合、作業量は膨大になり、その分時間も多くかかります。可能であれば、得られている情報や客観的資料から、書面のドラフトを作成しておき、それをもとに面談当日に補充すべき箇所の聴取を進め、加除修正していく形が適しています。これは、相手が面談までに確認しておくべき事項や話す内容を整理するのにも役立ちます。ただし、あなたが予め作成した内容に相手の話を強引に誘導することにならないように気をつけましょう。

3　面談の終わり方

　1時間、2時間と長く面談をしたときでも、時間が経つと、その話し合った内容の記憶が曖昧になったり、確認した事項があやふやになったりということが出てきます。いちいち議事録を作成する必要まではありませんが、事件の処理方針（特に和解・示談の諾否など）の重要な結論が得られたときには、その旨の確認書を作成したり、話し合った内容や議論の到達点・以後の事件の進め方などを簡単にまとめたメールを送信しておくなどして、到達点の確認と共有を図っておくとよいでしょう。

　陳述書、報告書を作成する場合、話者である依頼人・関係者の記憶が明確なその日のうちに書面を完成させ、内容確認・修正と署名捺印までを済ませたいところです。ただし、これにも相応の時間がかかりますから、予定を入れる段階で相手に少し長めに見積もった時間を伝え、署名捺印に必要な印鑑も持参してもらえるよう伝えておくべきです。

4　面談でしてはならないこと

　こうした打合せ・面談でしてはならないことがあります。

　まず、せっかく設定した**面談の機会を空転させないこと**です。日々、

同時並行する複数の案件に追われていると、1週間、2週間先の面談の準備がどうしても後回しになりがちです。直前にまとめて準備しようと思っていると、その余裕がないまま時間が進み、気付いたら明朝一番に面談が迫っているといったことになりかねません。これを避けるには、繰返しになりますが、面談の趣旨をきちんと把握・理解した上で、面談当日までに何をしなければならないのかを見据え、その所要時間も考慮して面談予定を設定することです。

　また、事前に送付された資料に目を通さないまま面談に臨むこともしてはいけません。当日までに少なくとも一度は（ざっくりとでもいいので）確認しておくべきです。相手は、あなたが当日までに読んだ上で面談に入ってくれるものと期待して資料を事前に送付しているのです。

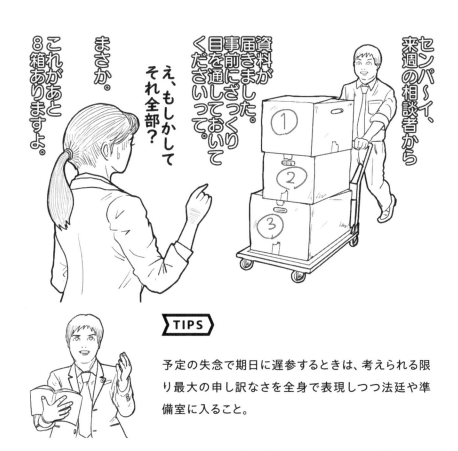

予定の失念で期日に遅参するときは、考えられる限り最大の申し訳なさを全身で表現しつつ法廷や準備室に入ること。

第1章　弁護士のビジネスマナーの超基本

8 身だしなみを整え、選んでもらえる弁護士に

1 人は見た目で判断される

　「人を見た目で判断してはいけない」ということは、幼稚園・保育園や小学校で私たちが幾度となく教えられてきたことです。では、私たちは結果として「人を見た目で判断」せずに社会生活を送れているでしょうか。決してそんなことはありません。「見た目」という言葉だけをみると、その人自身の美醜や、服装の良し悪し、清潔感の有無といった非常に多義的な印象がありますが、弁護士業務で問題とされるのは、後ろの二つ、つまり「身だしなみ」というレベルです。

　特に初対面の相手がどんな人となりかがわからないとき、人は皆、まず相手の外見からその人がどんな人物かを推し量ろうとします。あなたの「見た目」は、法律や制度に関する知識を持たない人にとっては、あなたを評価するための非常にわかりやすい要素となります。これはあながち不当ではなく、見た目がその人の内面や他者に対する姿勢を非常によく表していると感じることは少なくありません。

　また、法律家のように、**多くの中から選んでもらうことが重要な職種**では、自分を良く見せるという努力が持つ意味から目をそらしてはいけません。「外見ではなく内面を見てほしい」というのは、ビジネスシーンでは全く賛同を得られない独りよがりな意見と考えておくべきでしょう。

　その一方で、身だしなみという点は、尋問のスキルや起案の能力、営業能力と異なり、それ自体は、少しの努力とコストできちんと整えられるものです。そのような最低限の努力すらもしていない人が不利益を被ってしまうのも、仕方がないことなのかもしれません。

2　服装の良し悪しについて

　まず服装の良し悪しについて考えてみましょう。

　ここで重要なのは、あなたがどのような装いを好むかよりも**相手（相談者・依頼人、業務の関係者）があなたにどのような外見を予測・期待するかという視点を優先する**ということです。

　執務する際、特に相談者や依頼人と接する必要がある場面では、性別を問わず**ビジネススーツを強くお勧めします**。相談者・依頼人は、自分の案件を処理する弁護士がオーバーオールやサンダルを身につけて出てくるとは思っていないものです。

　カジュアルな服装を否定するわけではありませんが、相談者・依頼人があなたに期待するイメージとは大きく異なるため、スーツを着ずに接する場合、それを相手が違和感なく受け入れられる理由や状況が必要です。それがないのであれば、あなたの装いはイレギュラーだということです。

　男性弁護士はスーツのイメージに強く固定化されてしまっている印象がある一方、女性弁護士の方が、相談者・依頼人に受け入れられやすい服装の幅は広いように思われます。

　新人のうちは、特に思い入れがないのであれば、無理に高価なスーツを揃える必要はありません。ただ、一般の方は、弁護士をはじめとする法律家の業務は、「ある程度高額の報酬と経済的基盤に支えられている」というイメージを持っていることは知っておきましょう。ひどく安く見えるスーツを着ているのを見た相手が、あなたの能力や仕事ぶりについてどのような想像を働かせるか、あなた自身も想像を巡らしてみるべきです。

　スーツの良し悪しは生地の質感や縫製などによく現れますが、相手に与える印象という点では、着ている人にデザインやサイズが合っているかという点がより重要です。体に合ったライン、サイズのスーツを選ぶことで、相手に与える安っぽい印象は結構カバーできるものです。

　体に合わない太すぎる（あるいは細すぎる）ラインのものを無理に選んでいないか、袖や裾の丈が長すぎたり短すぎたりしていないかという

第1章　弁護士のビジネスマナーの超基本　　47

点を注意してみましょう。特殊詐欺の受け子のようなスーツの着方は避けたいところです。

まずは、**あらゆる意味で「身の丈に合った」服装**を整えられるとよいでしょう。外見で「自分」を出していくのは、仕事や接する相手、自身の経験の程度に従って徐々に、ということでよいと思います。

また、良いスーツに身を包んでいても、くたびれた感は大敵です。夏冬それぞれ最低3着程度は揃えて着回し、スーツはシーズンごとに1～2度、シャツは着る度にクリーニングに出しましょう。

3 備えよ清潔感

以上は、フォーマルな服装に関する話ですが、より重要なのが清潔感です。

清潔でない印象は、スーツが体に合っているかどうか以上に、あなたの仕事に対する熱意や真摯さ、法律家としての能力に疑いを抱かせてしまう要因になります。

爪をきちんと切る、髪型や髭をきちんと整える、毎日風呂に入って心身を清潔に保つというのは当然ですが、口臭、体臭にも要注意です。こうした問題は、仕事に及ぼす支障が無視できないにもかかわらず、自分では気付きにくく、**また周りの人からはなかなか指摘しにくい**という非常に厄介な問題があります。

特に毎日キチンと湯船に浸かる、耳の後ろや首の周りを洗う、シャツは毎日取り替えるといった当たり前のルールを愚直に守りましょう。

また、あなたの清潔感に問題がある場合、周囲の人から何かしらのサインが送られます。自分はそのような問題を感じたことがないのに、「仕事は忙しいか、家で休みが取れているかをよく聞かれる」「最近、体調をよく気遣われる」「なぜか『良いサプリメント』を勧められるようになった」「最近、なぜか職場全体でスメルハラスメントや身だしなみの注意喚起がなされるようになった」という場合、あなた自身がターゲットになっているおそれがありますので、我が身を振り返ってみる必要があります。

「身だしなみ」や「清潔さ」は、しばしば実体のない言葉のように受け取られがちですが、たいてい、(面と向かっては容易に指摘しにくい)具体的な内容を伴っています。誰でも自分から見た他人はよく見えるのにその逆はなかなか意識しづらいもののようで、この問題ばかりは自分の意識や評価だけを基準にするのは適切ではありません。

> 「清潔感」ってホント難しくないっすか。どうしたら正解かもわかりにくいし…。結局、ルックスじゃないんですか？

> 君はまだまだできることありそうよ。

TIPS

法律家は一般的には「少し堅苦しそうだけど、話してみたら意外と話しやすい」というくらいがちょうど良い。

第1章　弁護士のビジネスマナーの超基本　49

机周りを片付け、ものを探す時間を減らす

1 整理整頓の大切さ

　法律家の仕事は、電話をし、記録を確認し、関係者と折衝し、起案をし、期日に対応するという、様々な業務の繰り返しです。

　多くの場合、極端に限られた時間で、要求される様々なタスクを処理し、一定程度の結果を出すことが求められるハードな仕事ですが、この障害となるのが、**何かものを探している時間**です。預かった資料や自分のメモ書き、事案検討に必要な判例や書籍など、何かを探している時間というのは、案外に多いものです。考えてみるとこれはムダ以外の何物でもありません。

　また、整理整頓がきちんと実践されていないと証拠原本など重要資料の管理が疎かになるだけでなく、あなたと共同で作業をする弁護士や事務局スタッフにも大きな迷惑をかけることになり、当然あなたの悪しき評価にも繋がります。事務局スタッフ任せにするのではなく、自分の手の届く範囲はきちんと整えておきましょう。

2 5Sという考え方

　業務の効率化や生産性向上がよりシビアに求められる生産管理の分野では、5Sという考え方があります。これは日本産業規格（JIS規格）では「職場の管理の前提となる整理、整頓、清掃、清潔、しつけ（躾）について、日本語ローマ字表記で頭文字をとったもの」と定義されています。後ろの方になるほど無理矢理なこじつけ感を感じなくもないのですが、製造現場の5Sを見れば、その工場の生産性や信頼性がわかると言われるくらい、非常に重視されています。

　法律家の業務では、個々の作業ごとの個別性が高く、またルーチン作

業というものを観念しにくい面はありますが、この５Ｓの考え方は、効率的な業務を行う上で、法律事務にも応用ができそうです。

そこで、５Ｓの内容と法律事務における留意点を、それぞれ以下に示します。

① 整理

必要なものと不必要なものを区分し、**不必要なものを片付ける**こと（不要なものを捨てる）です。

法律家の業務では、まだまだペーパーレスの達成は道半ばであり、放っておくと、机の上が書類で溢れかえるということがよくあります。頻繁に参照、使用する資料や後から見返す資料については、スキャンしてPDF化し、後から原本が必要とならない資料（単なる事務連絡のFAX文書やWEB等でいつでも再取得が可能なものなど）は思い切って処分してしまいましょう。

少しレベルの異なる話ですが、個別案件の紙の記録の整理についても、方法を定めておきましょう。これは人によって千差万別で、原告側、被告側で分けてファイルを作成する人もいるようです。

私は裁判書類については、裁判所の記録分類方法（第１分類：手続調書・主張書面等、第２分類：証拠、第３分類：訴訟委任状、添付書類等）に準じて、案件管理簿、主張書面、証拠、その他事務関係連絡文書という形で整理しています（記録が大部になるときは、記録のみ、あるいは、甲、乙別々に別冊にします）。記録の整理方法は事務局や共同受任弁護士にも影響しますから、事務所、チームでの整理・作成ルールを決めて共有しておく必要があります。

また、少し気を付けたいのがデータの整理です。起案作業中にバージョン違いのファイルを暫定的に保存するということがしばしばありますが、時間が経つと保存時間の先後だけでは参照すべきファイルが判然としないことがあります。そうした場合、最終版・提出版に相当するファイルのみを残すか、不要なものを「倉庫」フォルダに移動させるなどして、次に開く場合にどれを参照すればよいのかをわかりやすく整理しておくことが必要です。

第1章　弁護士のビジネスマナーの超基本　　51

② 整頓

　必要なものを**必要なときにすぐに使用できる**ように、決められた場所に準備しておくこと（使いやすいように決まった場所に配置し、取り出しやすくする）です。

　法律家の業務で繰返し用いるものというと職印や事務用の印鑑類が思い浮かびますが、その他にも頻繁に参照する文献（六法、書式集、交通事故の（公財）日弁連交通事故センター東京支部編「民事交通事故訴訟損害賠償額算定基準」・（公財）日弁連交通事故相談センター研究研修委員会編集「交通事故損害額算定基準　実務運用と解説」や別冊判例タイムズ38号など）や資料（報酬基準、所属会の名簿、規程類など）があるはずです。

　これらはいつも常に同じ場所にありすぐに取り出せるということが極めて重要ですから、すぐ手の届く範囲に定位置を作って置き、使用後は必ずその定位置に戻すということを徹底するとよいと思います。

③ 清掃

　必要なものについた**異物を除去**すること（綺麗に掃除する）です。

　本来想定されているのは、工業用機械の使用後の洗浄等の作業ですが、道具をあまり使わない法律家の業務では馴染みの薄いルールです。せいぜい職印の朱肉を落としたり、尋問でやさぐれた心と体を熱いお風呂でリフレッシュしたりといったところでしょうか。

④ 清潔

　整理・整頓・清掃が繰り返され、汚れのない状態を**維持**していること（常に整理・整頓・清掃を行い、衛生状態を保つ）です。

　これは法律家の業務にもあてはまります。以上のような①整理、②整頓を常に繰返し心がけるということで、文字で書くとたやすいですが、3時間続いた打合せが終わって疲労困憊しているときや、2分後の快速に乗るためにすぐに事務所を出ないといけないときなど、難しい場面でも徹底するということはそれなりに過酷で、法律家としての真価が試さ

れます。

⑤ しつけ（躾）

　決められたことを**必ず守る**こと（ルールや手順の習慣づけ）です。

　個人的には、④との違いがいまいちよくわからない部分はありますが、よりマクロな視点から、自分で定めたルールを必ず守る、ということになります。

 TIPS

この「机周りの片付け」については、筆者は全く実践できておらず、自戒を込めて一般論を提示している。

10 依頼人との接し方は何年経っても悩み所

1 なぜ依頼人との関係は難しいのか

　「依頼人との関係」に負担感や苦痛を感じる法律家というのは、かなり多いようです。また、同じくらい、委任した法律家との関係に悩む依頼人が多いようです。何が両者の関係を難しくさせるのでしょうか。

　この法律家と依頼人という委任契約の当事者の関係をやや複雑にしているのは、そこに横たわる法的・実務的知識についての大きな格差や、依頼人の抱える不安、法律家の感じる心理的な圧力などの要素です。こうしたファクターによって、私たち法律家は、パン屋さんがお客さんにパンを売るのとは少し違った工夫と配慮が必要になります。

2 対応のポイント

① 適時・即時の連絡とレスポンスを

　最も大切なのは、できる限り適時・即時のレスポンスを心がけることです。投げかけた質問の回答や依頼した業務の処理がスピード感を持って行われるというのは、依頼人にとって極めて大きい満足感をもたらす反面、対応が遅いとそのこと自体が不満・不安の種になります。

　とりあえず、依頼人の言う「特に急ぎませんので」という言葉を真に受けて、頼まれごとを熟成させる姿勢はすぐに改めましょう。

　メールや電話があったときは、その用件に応当するために通常必要となる時間内に折り返しをするべきです（その「時間」が1日なのか1週間なのかは用件の内容によります）。もっとも、これは「どんなに業務が立て込んでいても、その手を止めて完全なレスポンスを返すことを最優先する」という、モグラ叩き的な仕事を勧めているということではあ

りません。仕掛かり中の仕事の手を止めて、依頼人の要求にすぐに対応できない場面も当然あるでしょうし、用件自体が検討・調査・回答に時間がかかってしまう複雑な場合もあります。

そうした場合、とりあえず依頼人からの電話やメールを確認したこと、それに対する調査や回答にどれくらいの時間がかかりそうかを端的に伝える旨だけでも、メールやFAX（その余裕もなさそうな時には電話）で即座にレスポンスしておくことです。

あなたが調査を終えて回答するのに数日かかる場合でも、依頼人からのこうした連絡直後に応答の連絡があるかないかで、依頼人の受け止め方や安心感は随分違います。電話やメールがあった場合には、原則として当日か遅くとも翌日中には何らかのレスポンスをしておくとよいでしょう。

最悪なのは、こうしたレスポンスを忘れ、しばらく経った後に依頼人から「あれどうなりましたか？」と聞かれて、「忘れていました、すぐやります」という対応です。**「忘れていました」は禁句**です。

② 気を付けるべき言動

まず、話し方ですが、一般的に言うと、詰まらずスムーズに話せるに越したことはありません。もっとも、流暢な話し方でも、早口過ぎて相手の理解が追い付かないようだと、依頼人は自分がないがしろにされていると感じ、たどたどしい話し方の場合よりも悪い印象を持つようです。「説明が早口すぎて不親切だ」というのは、依頼人や相談者が述べる苦情の中で比較的上位にランクインします。依頼人の理解度や話し方（聞き方）にもよりますが、あなたが**説明をするときは少しゆっくり目を意識**しましょう。

「自分の理解できる言葉で話してもらいたい」。これは、すべての依頼人が感じることです。理解度は人それぞれですから、相手を見て言葉遣いや説明の嚙み砕き方を変えられなければなりません。普通、高齢で理解力も限られている方に「保全処分」と言ってもなかなか理解してもらえないでしょうし、会社経営者に「粗利」という言葉の意味について長々と説明する意味はないでしょう。

第1章　弁護士のビジネスマナーの超基本　　55

依頼人は、あなたに専門家としての十分な知識・経験、そしてそれをもとにした責任のある判断を求めています。その一方で、あなたが積極的・主導的に提示してリードする役割を期待しているのか、それとも自分の検討・方針決定を助ける判断材料の提供を期待しているのかは、これまた依頼人によって大きく分かれます。

ここを正しく見極め、**踏み込み方を柔軟に使い分けられる**ようになると、依頼人のニーズにマッチした、好感度・満足度の高い業務処理が可能になるでしょう。

つまり、説明の仕方にせよ、事案への関与のスタンスにせよ、**あるべき依頼人対応は決して一様ではない**ということです。

さらに、相手の顔を潰さない、追い詰めないという点も、依頼人対応においてある程度神経を使う必要があります。

法律家は依頼人よりも法的問題に関する知識・経験が豊富であるため、無意識のうちに依頼人を必要以上に追い詰め、立つ瀬を失わせてしまうような物言いをしてしまいがちです。依頼人の現状認識や希望よりも法律家の評価や見立ての方が正しいということは実際に多いのですが、そのこととここで述べている表現の仕方は別問題です。本来的に、法律家は説教臭いものですが、その臭みが強すぎると煙たがられます。**依頼人の意向に反する（沿わない）意見を述べるときには、心持ち控えめを心がけるとよいでしょう。**

また、あなたから質問を投げかけるときは、依頼人がその理解力で答えられる質問かどうかを先に考えましょう。「えっ？　あなたは相手のこの要求を認めるのですか？」「破産を希望するということですが、本当にそれでいいのですか？」といった質問は、単に依頼人を追い詰め、戸惑いと反感を抱かせるだけで、むしろ有害なことが多いです。

断定的な物言いをした方が良いか、避けた方が良いかは時と場合によります。法律問題は、他者の評価・判断を経て結果に至るものがほとんどで、もとより確定的・確実な結果を見通すのが難しいという特質があります。

例えば、依頼人の説明だけを聞くと請求がほぼ間違いなく認められる場合であっても、100％だと自信を持って言えるケースは普通はありま

せんし、そのような意見は本来、法律家には求められていません。

そうした場合に、あなたの断定的な物言いが、依頼人の期待度を不必要に上げてしまい、結果、後であなたの首を絞めることがあります。

逆に、リスクの説明が曖昧だと、これまた依頼人にとっては「頼りない」「弱気」という印象を与えてしまう原因となります。想定されるリスクは、その内容や根拠を、できれば具体的な事例とともにある程度明確に伝えられる方が良く、そうすることで依頼人もある程度自信を持ってリスクの取捨選択を行えるようになります。

依頼人を過度に楽観的、悲観的にさせないよう、基本的に、法律家が依頼人に見通しを伝えるときは、**良い見通しは２割減、悪い見通しは１割増し**くらいがちょうど良かろうと思われます。

> TIPS
>
> 明示的に禁じたか否かに関係なく、依頼人は法律家の説明や発言を録音することがある。

第１章　弁護士のビジネスマナーの超基本　　57

⓫ 事務局スタッフは弁護士に不満を持ちやすい

1 事務局スタッフとの関係を理解しよう

　法律家は、雇用又は業務処理を依頼する事務局スタッフに対して、その業務や守秘の遵守について指導・監督する義務を負うことになります（弁護士職務基本規程19条参照）。すなわち、事務局スタッフの業務処理の結果については、法律家が対外的には一切の責任を負うということです。

　ただ、こうした雇用契約上の指揮命令関係や指導・監督義務の側面のみから事務局スタッフとの関係を捉えていると、業務処理もギクシャクしてしまい、上手くいかないことがあります。「事務局スタッフ（担当弁護士）と反りが合わない」というのは、弁護士、事務局スタッフそれぞれに多く見られる不満です。法律事務を円滑に行うためには、事務局スタッフと法律家との間の協働・協調関係は不可欠です。

　では、事務局スタッフとの理想的な関係を築くためには、どのような点に気を付けるべきでしょうか。ここでは、事務局スタッフを雇用して協働することが一般的な弁護士事務所を例にとって検討します。

2 どこまで任せるか

　同じ事務所に、弁護士と事務局スタッフという異なる職種がいるのは、法律事務の処理に当たり、それぞれの得意分野、専門化された能力によって適切な分業を行うためです。食事の際にナイフとフォークを使うようなものです。

　法律事務の処理にあたっては、基本的には、方針決定など業務処理上必要となる判断や相手方等との交渉については弁護士が行うことが想定され、一方、そうした判断や交渉の伴わない事務的な書類の作成・送付、

必要な資料の取り寄せ等の業務は事務局スタッフが行うのが通例でしょう。法的手続の通知文書や主張書面というように、個別性が高く、かつ法的構成の組み立てや相手方主張への反論といった弁護士としての判断が必要となる書面は、最終的には弁護士が自己の責任で作成・提出することになりますが、その素案の作成は事務局スタッフが担当する、という事務所もあるかもしれません。

　ところが、事務所や業務によっては、こうした役割分担が明確に意識されず、事務局スタッフに過大な負担が生じているというケースがあります。また、弁護士が業務の内容をよく考慮せず、何でもかんでも事務局スタッフに投げ、それが原因で、業務フローが非常に非効率的なものになってしまっていることがあります。

　そして、しばしば、こうしたラインの明確でない業務を過剰・過大に事務局スタッフに負わせることで、事務局の不満や反感を招き、業務自体の円滑な処理を阻害してしまうということがあります。また、明確な線引きがないために、同じ職場でも弁護士ごとに分業の考え方が異なり、結果として事務局スタッフによって、処理・担当させられる業務内容や業務負担が異なり、それが不満に繋がるという話はしばしば耳にするところです。

　こうした分業の最適化の問題は、**不満があっても事務局スタッフの側からは意見を述べにくいため、不満が蓄積しやすい**問題です。

　そのため、法律事務所においては、イソ弁、ボス、一人事務所の弁護士のいずれであるかを問わず、弁護士と事務局スタッフそれぞれが担当する業務について明確な線引きと理解の共有をしておくのが望ましいということになります。特に、イソ弁は、事務所事件と個人事件とで、事務局スタッフの担当業務の範囲を分けているケースもあるため、事務所が雇用しているスタッフにどこまで頼めるのかをきちんと線引きしておかなければなりません（もし事務所に先輩のイソ弁がおり、勤務形態も特に異ならないのであれば、先輩の分業の仕方を踏襲するのも一つの手です）。

　分業の結果、弁護士の手待ち時間が多くなる一方、事務局スタッフが毎日、遅くまで残業を強いられるというような不均質な負担になってい

第1章　弁護士のビジネスマナーの超基本　　59

ないかも確認が必要です。

　なお、弁護士自身の確定申告に関する作業（経費の領収書整理、伝票への転記など）や私用の雑事（日用品の買い出しなど）は、弁護士業務や事務所運営のための業務そのものとは異なりますので、イソ弁がそれを事務局スタッフに頼む場合には、それが認められるか、事務局スタッフの待遇がそれに見合ったものとなっているかも検討しなければなりません。

3　関係性構築のために

① 指示を明確にする

　まずしっかり肝に銘じておく点が、「事務局スタッフへの指示を明確に行う」ことです。これを最初に指摘するのは、それだけ**「業務の指示が曖昧で困る」という不満が事務局スタッフに多い**ためです。

　例えば、書面や書類の送付を指示するとき「送っておいて」だけでは、どのような対応をしたらいいのかがわかりません。メールなのかFAXなのか郵送なのか、また郵送の場合は内容証明なのか書留なのか普通郵便なのか（速達なのか）、また送り先はどこかという点を明確に指示されなければ正しい処理ができません。また、速達や内容証明など特別な送付の方法は、事務局スタッフ自身の判断で行うことは普通ありませんから、それが必要なのであれば、弁護士の側で明示的に指示しなければならないはずです。同じように、裁判書類の提出の場合も郵送なのか直送（FAX）なのかという点を明示しておく必要があります。

　また、書面や証拠作成の方法についても、例えば、別紙はあるか、証拠番号はどのように付番するか（連番か枝番か）、カラーか白黒か、Ａ４版かＡ３版のアコーディオン折りかといった指示が必要です。

　こうした点を意識しない弁護士の曖昧な指示がある度に、処理方法の判断がつかず、「○○でいいですか？」「○○はどうしますか？」といった問いを強いられることで、事務局スタッフのあなたに対する不満は着実に蓄積されていきます。特に、指示が明確でなかったために、事務局

スタッフの作業が無駄になったときの徒労感はなかなかのものです。

　一度「○○でいいですか？」といった問いを返された指示については、次の時から予め処理方法を明示して頼むようにしたいものです。

　弁護士がしがちな「曖昧な指示」は、大雑把な性格による場合もありますが、**弁護士自身が指示する作業、業務の内容をよく把握できていないために生じる**こともあります。例えば、相続関係を裏付ける戸籍（全部事項証明書）の取得を頼むときでも、戸籍を辿る作業や戸籍・除籍の違い、改製原戸籍が何かを弁護士自身が知らなければ、その指示は曖昧なものになりがちです。戸籍の場合は、普通、事務局スタッフ自身が理解しているため大きな問題にはならないかもしれませんが、それまで処理した経験のない申請や公的書類の取得等については、事務局スタッフの知識・経験によるリカバリもできません。

　このため、**弁護士は、自分で理解していない業務を事務局スタッフに指示するべきではありません。**その処理の結果については弁護士自身が責任を負うのですから、指示する作業の意味や概要くらいは押さえておく必要があります。

　また、口頭での指示はとかく「言った／言わない」の問題になりがちです。業務指示は、その内容と存在を明確にするためにも、電話ノートやメール等客観的な記録の残る形で出しましょう（これは、後から指示の内容やタイミングを確認する上でも非常に役に立ちます）。

② 教えを請う

　あなたが新人で執務を開始したばかりの頃は、元から事務所にいる事務局スタッフの方があなたの何倍も業務を理解し、自信と責任をもって処理に当たっているはずです。

　このとき、職場での指揮命令関係にかかわらず、あなたは事務局スタッフに対して知識や経験で劣後する立場にあるわけですから、肩肘張って知らないことを知っているかのように振る舞ってミスを犯すのではなく、**真摯かつ殊勝な態度で教えを請う態度**を身につけたいものです。そうすることで、事務局スタッフはあなたがよく考えずに自分で判断した結果生じたミスのリカバリに時間や労力を割く必要はなくなりますし、あな

第 1 章　弁護士のビジネスマナーの超基本　　61

たへの評価も好意的なものになるはずです。

③ 仕事の頼み方に配慮を

　あなたと同じように、事務局スタッフも限られた時間の中で自分の処理すべき業務をこなしていますから、その仕事のペースやフローを損なうような業務の指示をしないようにしなければなりません。

　例えば、弁護士会や裁判所、法務局、郵便局といった外回りの仕事をお願いするときには、原則として、まとめて依頼するようにし、日に二度も三度も無駄足を踏ませるようなことは避けなければなりません。法務局から帰ってきたスタッフに「今日、申立てで必要だったからもう一通資格証明書をとってきて」と頼むようではいけないということです。

　また、業務を頼む時間帯にも配慮が必要です。

　午後の3時より後になって訴状や申立書の当日中の提出を依頼するのは、事務局の負担も大きくなる他、裁判所の受付も良い顔はしてくれないことを知っておく必要があります。ここでも、事務局スタッフの動き方に合わせて、訴状・申立書等の書類を準備する配慮が必要になります。

　また、FAXでの提出が認められている準備書面なども、誤字脱字や証拠との対応のチェック、証拠作成などを頼む場合、事務局スタッフはそれなりの集中的な時間の投入が必要になります。退勤時刻に近い時間に指示されても対応ができないという場合もあるでしょう。こうした作業の指示も、一定の配慮が必要になるということです。

④ 守る

　事務局スタッフの処理でミスが起こった場合も、対外的には、事務局のせいにするのではなく、あなたがかばう姿勢が必要です。どのみち、**弁護士は対外的には事務局の業務についてすべて責任を負う立場にある**のですから、「スタッフが間違えまして」といった言い訳は言い逃れ以上の意味はありません（なお自分のミスを事務局のせいにするのは言語道断です）。対内的には、ミスの原因究明と再発防止が重要ですが、その場合、あなた自身の指示に問題がなかったかの確認も必要です。

⑤ 時には毅然とした態度で

　以上、円滑な事務処理の為、事務局スタッフに対して謙虚で誠実な対応を心がける必要があることを説明してきましたが、**円満な関係を保とうとして、事務局スタッフへの必要な指示や注意ができなくなるようでは本末転倒**です。

　私語が多い、指示に従った処理をしない、同じミスを繰り返す、依頼人・相談者対応がぞんざいであるといった問題がある場合には、あなたが毅然とした態度で注意をし、改善を求めなければなりません。これがきちんとなされないと、あなたの仕事や事務所の評価にも悪影響を与えることに繋がりますから、ここはなおざりにはできません。

　どのような職場においても、業務上の指揮命令関係というのは、ある程度の痛みを伴うものですから、後に禍根を残さない指示の仕方を身につける必要があります。

> TIPS
>
> 事務局は味方である。しかしその信頼を勝ち取るにはそれなりの苦い経験も必要になる。

Column 1

効果的な知識の習得

　本文中でも少し触れていますが、処理経験のない事件を受けたときに知っておくべき基礎的知識・留意しておくべき問題点をざっくりと大づかみするには、**eラーニング**が適しています。

　日弁連のWEBサイトでは、実体法・手続法など様々な法領域について、会員向けに実践的な講義動画・資料を多数取りそろえています。その事件類型に精通した実務家が講師になっているものが多く、処理の難所や手続選択時の視点といった、書籍などで表現しにくい暗黙知が豊富に紹介されています。また、各種法改正について、その要点と実務への影響などを裁判所・法制審議会の方などが講師となって詳解する講義も充実しています。動画は慣れると倍速視聴で十分に聴き取ることができますし、移動中などの隙間時間に音声を聞くだけでも効果的な知識の習得ができます。

　また、eラーニングほどの即効性・お手軽さはないものの、体系的な知識や制度の背景、該当する裁判例へのアクセスという点では、書籍から充実した知見を得ることができます。調べたい法律・条文が特定されているのなら、**コンメンタールや条解**のように条文ごとに趣旨・論点・裁判例等をまとめて整理している文献に当たることで、触れておくべき知識・問題点を概観できるはずです。

　一方、いわゆる体系書や実務書を読む際にお勧めしたいのが**目次の通読**です。私は、なじみのない新しい法領域・事件類型に当たる場合、必ず書籍の目次全体を通読しています。これはその法領域・法制度で問題となる要素の全体構造を把握できる他、それぞれのトピックがどの条文の文言や論点に対応しているのかをつかむ上でも有用です。書籍は持ち歩くのにやや難がありますが、最近は（線は引けないものの）法律書の電子書籍も増えていますし、特定の用語で多くの書籍を一括横断検索できる優れたWEBサービスも登場しています。

第2章

さあ！ボスから仕事がきたぞ

ボス弁や先輩弁護士があなたの仕事に期待すること

1　期限内に一定水準の仕事を仕上げよう

　書面作成や助言・報告等の仕事は、(あるレベルまでは)時間と労力をかけた分だけその内容をブラッシュアップできるはずです。ところが、残念ながらあなたに与えられた時間は限られており、**定められた時間内に一定水準の仕事を仕上げるということも、オーダーの中に含まれています**。内容証明郵便の完成度を高めるために1週間を費やすわけにはいきませんし、請求原因の記載がどれだけ完璧でも、時効期間を徒過して提出された訴状にはほとんど価値がありません。保全処分など、時間をかけて120%のものを出すよりも、一定の期限までに80%のものを迅速に出すことが優先される仕事もあります。

　とはいえ、ボスや依頼人など、仕事の発注者は、20〜30%の完成度の仕事が上がってくることを想定・期待しているわけではありません。**設定された期限までに一定水準の仕事を仕上げる**。これは、ボス、イソ弁を問わず、およそ法律家の働き方の中心に据えるべき価値観・視点です。この「期限」には既に挙げたような時効や法手続上の提出期限以外に、依頼人等から設定された(明示的・黙示的)回答期限などもあります。

　イソ弁であれば、ボスから割り振られた業務の場合、まずそのドラフトや完成稿をボスに提示する期限が存在するのが普通です。**イソ弁は、自分の仕事の成果がそのまま外部に発出されることはない**、という点を明確に意識すべきです。

　判例や法規制の調査、起案など、どのような仕事であっても、通常、ボス等の内容チェックや事務局での誤字脱字等の確認、発出の準備作業を経て対外的に発信されます。それらボス等の作業の処理時間の分だけ、イソ弁の業務の期限も前倒しにならざるを得ません。例えば、準備書面の提出期限は、事務所から裁判所と相手方に向けて準備書面を発出(送

信）する期限であって、決してあなたがボスに準備書面の第1稿を投げる期限ではない、ということです（準備書面や通知文書は、ボスの他に依頼人の確認を受けることが多いでしょう）。

　与えられた仕事の内容やあなた自身の力量にもよりますが、例えば準備書面であれば、ボスの添削と修正に3～4日程度は必要と見ておくべきです（あなたとボスとの関係、普段、ドラフト・添削の応酬が何ターン繰り返されるかによってこの期間は変わります）。また、依頼人のレビューにも同程度の期間は必要です。

　そうなると、やはり**定められた準備書面の提出期限の1週間～10日前には、あなたの第1稿をボスに投げる**必要がありそうです。「書面提出期限にドラフトをボスに出すこと」は無意味です。

　あなたに割り当てられる仕事の中には、明示的に期限を定められていない仕事も多くあります。依頼人からの相談の回答や、時効が切迫しているわけではない訴状の作成等が典型ですが、実はこれらにも仕事の期限は確かに存在しており、単に具体的な期限として明示されていないに過ぎません。多くの場合、ボスや依頼人には「2～3日の間くらいには」「1週間程度で」といった心づもりがあり、それを徒過してしまうと「あれはどうなっていますか？」という形で問いかけがなされてしまいます。

　手元の作業に忙殺されているとき、こうした仕事の「具体的期限の明示がないこと」を自分の仕事完成を遅らせることの口実にしてしまいがちです。ところが、これは、あなたに対するネガティブな評価を回避する役には立ちません。「今日までに仕上げないといけないとは聞いていなかったので……」というあなたの答えに、おそらく多くのボスは納得しないでしょう。

　むしろ、こうしたオーダーでは、仕事を振られた段階で**「具体的にいつまでにドラフトを上げる必要があるか」をボスに確認**し、その期限を予定表に記録しておく癖を付けておくべきです。

　こうした確認をすることでボスがその仕事の難度や優先度をどのように捉えているのかがわかり、あなた自身も仕事のフロー・順序を検討することができるようになります。一方、この作業をしておかないと、自分の能力を超えた期限の設定についてボスに改善を求めることもできま

第**2**章　さあ！　ボスから仕事がきたぞ　　67

せん。

　仕事を振られたときにあなたが特に異議を述べなかった場合、多くの
ボスは「自分の期待する期限内にきちんと仕事を上げてくれるはずだ」
と考えますから、無理な納期には修正を求めなければなりません。

　後になって「今日が期限ですが、できませんでした」と言うよりも、
予め「その期限までにはちょっと難しいと思います」と述べる方が誠実
ですし、あなたの評価へのマイナスイメージも随分少ないはずです。

2　「自分の事件だ」という意識を持とう

　ボスは、あなたに割り当てた事件を、あなたが「自分の事件」として
責任感を持って処理に当たることを期待しています。支払っている報酬・
給与の額にかかわらず、**ボスは期待しがちな生き物**です。

　もしあなたがその事件を「事務所事件」「ボスの事件」としか捉えず、
絶えず指示を待ち、自分で主体的・積極的に判断し処理に当たろうとす
る姿勢を持たなければ、ボスもあなたに期待し、重要な仕事を任せる意
欲も失ってしまうでしょう。その先は推して知るべしです。

　ときどき、ボスに急かされるまで、事件処理や起案をズルズルと放置
してしまうイソ弁がいます。ボスが定期的に状況を確認しないと、事件
処理をきちんと前に進められないというイソ弁もいます。いずれも、事
件処理や期限の遵守を「我がこと」として捉えられていない点で、法律
家として半人前ですらありません。こうしたイソ弁に仕事を振らなけれ
ばならないのは、ボスとしては怖いものです。「なんでこんなになるま
で放っておいたのか」というクレームを出すのは多くのボスにとって、
極めて大きなストレスを伴います。

　依頼人等との連絡・調整や、事務局スタッフへの指示などは、あなた
が内容を理解した上で適切に行わなければなりませんし、遵守すべき期
限もあなた自身が把握した上で自律的に守る必要があります。あなたが
その事件の主担当として処理に当たる以上、少なくとも**割り当てられた
業務の範囲では、あなたのところで作業・処理が完結できなければなり
ません。**

もちろんボス・イソ弁という関係は、共同受任関係にありますから、事件処理の方針決定をあなただけで行うことはできませんし、適宜、進捗状況についても共有する必要はあります。また、あなたとボスとでは処理経験や知識の点でも差異がありますから、わからないこと、困ったことがあった場合には、遠慮なく相談し、助力を求めてよいのです。ボスはそのためにいるのですから。

今、この事件は間違いなくアタシの事件だ。

必ず勝つ。勝ってみせる。

報酬は全部ボスに入って次の新車の代金になり、アタシには数万の寸志が出るだけだとしても！

TIPS

ボスはあなたの力量や得手不得手はある程度把握しているが、手のふさがり具合については関心を向けていないことが多い。

第2章　さあ！ボスから仕事がきたぞ　　69

2 ボス弁・先輩弁護士との接し方

1 信頼関係の築き方

① 事務所・ボス弁が期待する姿を想像する

　イソ弁とボスとでは、そもそも立場も事務所で果たすべき役割も異なります。あなたはまず、自分がその事務所でどのような役割を期待されているのかを知る必要があります。

　ただひたすらに事務所事件を処理し、事務所の一体性と顧客の満足度を高めることを期待しているのか、あるいはあなたがある程度自律的に働き、事務所経営に厚みと多様性をもたらすことを期待しているのか、これは実に大きな違いです。

　また、事務所や主たる顧客層のニーズとあなたのやりたいことがマッチしているかという点も重要です。例えば、企業法務が業務の大半を占める事務所においてイソ弁が被用者側・消費者側の活動に注力することは普通、想定されていないでしょう。弁護団事件参画への積極性一つを取っても、事務所のカラーや姿勢は様々です。

　ボスとイソ弁の最も大きな違いは、経営者か一定の収入を保証された勤務弁護士かという点にあり、ここから、「**イソ弁はある程度事務所の方針に従わなければならない**」という結論が導かれます。このとき、イソ弁が事務所の期待とそぐわない働き方・動き方をしてしまうと、事務所との溝・齟齬が生じ、これは事務所・ボスとイソ弁の緊張状態を生むことになります。

　こうしたミスマッチは双方不幸なので、普通、採用段階で双方の希望を確認し、必要であれば擦り合わせておくべきことです。もっとも、イソ弁がある程度経験を積んで初めて、「やりたいこと」が明確になることもあります。

② 役割分担を意識しよう

　ときにイソ弁としては、ボスや先輩の働き方、業務分担に不満を感じるときがあるかもしれません（感じないときはないかもしれません）。仕事を振るだけ振ってさっさと帰ってしまうボスを恨めしく思い、自分ばかりが起案や依頼人対応のために残業や休日出勤を強いられていると感じることがあるかもしれません。また、担当事件の売上額と自分の給与を比較し、「自分の働きが事務所を支えているのに！」という思いを抱いてしまうかもしれません。

　これは客観的に見ると、一面では正しく、別の一面では間違っているので、実はそう簡単な問題ではありません。ただ、不信感と恨みをつのらせる前に、**事務所での役割分担**という視点を持っておくことをお勧めします。

　事件の依頼を取ってくること、イソ弁や事務局スタッフの働き方をマネージングして、経営を成り立たせながら事務所を維持することは、実はそれほどたやすく生やさしいものではありません。

　確かに、あなたが事件処理で事務所にもたらした300万円の売上は、書面を書き、出廷し、依頼人の不満を直に身に受け、尋問をこなしたあなたの働きなしでは得られなかったものです。ですが、あなた一人だけの仕事で稼ぎ出したものでもないはずです。書面のチェックや提出・費用計算をしてくれた事務局の支援もあったでしょうし、あなたが売上の心配をすることなく事件処理だけに注力できる環境を用意してくれた誰かがいたはずです。弁護士と事務局スタッフの役割分担（⇨58頁）があったように、ここでもボスとイソ弁の役割分担という視点を思い起こしてもらいたいところです。

　不思議なことに、イソ弁の方が細かい目配りができ、起案も尋問もボスよりシャープで小気味いいということはあります。あなたとしては、「起案や依頼者対応は自分の方がボスより優れているのだ」と胸を張り、地道に、着実に事件処理をこなしていくとよいのです。あなたの頑張りは依頼人が、相手方が、裁判所が、そしてあなた自身が見ています。

　そして、いつか独立し、自分が経営者の立場になったときに、あなた

はきっと初めてボスの苦労や努力を知ることになるでしょう（私がそうであったように）。とはいえ、「一面で正しい」と書いたように、こうしたバランスを欠いている事務所も中にはあるようです。そのときは、一人で抱え込まず、同期を飲みに誘いましょう。

③ 情報を共有していく

　ボスや先輩と一緒に事件処理に当たる際に、気を付けたいことが情報の共有です。先に書いたように、仕事を振られたイソ弁としては、ある程度自分で責任を持って業務処理を進める必要があるのですが、同時に情報の共有を行うことも大切です。

　これは事件処理をつつがなくこなすため、そしてあなた自身を守るために必要なことです。自分では問題なく、上手く処理を進めているつもりであっても、知らず知らずのうちに踏み込むべきでない沼に片足を突っ込んでいることがあるからです。「AをするときにBも同時に行わなければならない」「Cをするときには、Dがないかを予め確認しなければならない」といった知識は、そもそもそうした問題意識を持っていない限り気付きようがありません。

　こうした**重要な知識・視点は、失敗と改善の経験によって培われてい**くものだからです。そして、ボスや先輩はそうした知識や経験をあなたに与えるために存在するといっても過言ではありません。この協働関係をきちんと機能させるためにあなたは事件の進捗情報を共有しなければならないのです。

　また、情報共有の上で気を付けておきたいのが、**処理すべき作業の認識の共有**です。ボスとイソ弁とは役割分担が大切だと書きましたが、その歯車がきちんと噛み合っていないと、思わぬ仕事の停滞を生じさせることがあります。

　ボスはイソ弁に任せたつもり、イソ弁はボスからの指示があるまで待機するつもりというように、相互に手待ちの状態に陥っていることがあります。主に業務処理を担当するのも事件の進捗に最も関心を寄せるのも若手なので、あなたは、自分が何を、ボス・先輩が何を、また依頼人が何を、それぞれいつまでにしないといけないのかということを常に自

分自身で把握しておかなければなりません。打合せや法律相談の終了ごとに、依頼人やボス・先輩に確認し、メモに留めておく癖を付けると、あなたの仕事ぶりに対する信頼感も増すというものです。

2 ボス弁・先輩弁護士との健全な関係を考える

ボスとイソ弁との理想的な関係について触れてきましたが、ここは収まりの良い抽象論だけでは片付かない部分があります。

① 何が正しい処理方法かを常に考え続けよう

ひとたび事務所に入ると、イソ弁はその事務所やボスから与えられた仕事を、指示された方法に従って処理することになり、その積み重ねによってイソ弁自身も事件処理の「型」を身につけていきます。

ところが、そうした**業務処理の形が正しいかどうかという視点**は常に持っておく必要があります。事務所や弁護士によって、価値観、事件や仕事に対する向き合い方は決して一様ではありません。解決までのスピードを重視する場合もあれば、依頼人の納得、客観的な妥当性を最優先すべき場合もあります。民事事件における相対的真実主義の捉え方や代理人としての振る舞い方は人によって結構違います。そしてそれらいくつかの処理方法を大きく取り巻く形で、当・不当のラインが引かれています。

つまり、**あなたが今選んだ方法よりもっと適した処理の仕方があるかもしれない**ということですが、事務所から与えられた事件を、ボスから指示されたやり方で処理する繰り返しの中では、そうした可能性に自分で気付くことは難しいものです。これは日々仕事に追われがちなイソ弁にとってはやむを得ないことかもしれません。

特に、自分の仕事の「型」が一旦固まってしまうと、上手くいかなかったケースの原因を自分の処理方法の拙さではなく、事件のスジや依頼人の価値判断といった自分以外の要素に求めるようになりがちです。一旦その状態に陥ると、修正は非常に難しくなります。弁護士人生をその事務所だけで終えるという決意がない限り、こうした状況はあなたにとっ

第2章 さあ! ボスから仕事がきたぞ 73

て好ましいものではありません。

　近時、法律家としての感性に照らしておよそ考えられないような非行で懲戒処分や刑事訴追を受けるケースが散見されます。ところが、ボスにそうした問題行動があったとしても、イソ弁が自らその問題に気付き、是正し、ボスの非行から距離を置くことは難しいでしょう。ボスの事件受任の仕方や依頼人・相手方に対する振る舞い方、処理方法しか知らないイソ弁にとっては、そうしたやり方を「そういうものだ」と受け止めてただトレースすることになりがちだからです。実際、独立した弁護士から「元いた事務所は今考えるとかなり問題があった」という話を聞くことが少なくありません。

　こうした閉塞的な状況を打ち破るためには、事務所事件だけを処理するのではなく、**他の事務所の弁護士と共同受任したり、同期などと意見交換を行ったりすることが有益**です。最近、敬遠する人は多いようですが、会務で繋がりを持つというのも有効な方策の一つです。

② 望ましくない関係を理解しておく

　ネガティブな話になりますが、身を置くべきではない事務所、下につくべきではないボスというものもあります。3つ例を挙げます。

ア　イソ弁を守らないボス

　事件を処理する中で、あなたが窮地に陥る場面というのがあるはずです。困難な依頼者や相手方から事件処理を巡って責任追及や懲戒請求を受けるといった場面を考えてみましょう。こうしたときに、あなたを守らずにその処理まであなたに押しつけるボスの元で働くべきではありません。これは、事務所事件、個人事件を問わないのですが、特に自分が任せた事務所事件が原因でそうした厄介な問題が生じたときに、**イソ弁を守らない弁護士はもはやボスと呼ぶに値しません。**

イ　イソ弁の担当する事件を軽んじるボス

　経済的利益の大小や好みであなたの担当する事件を軽んじる言動をするボスには要注意です。経営者である以上、売上の多寡や受任事件の適否を問題とするのは当然ですが、弁護士として事件を軽んじる発言をするような弁護士はいかがなものでしょうか。イソ弁の士気を下げるそう

した発言をあえてするということは、それを担当するあなた自身をも軽んじているということに他なりません。

ウ　情報共有をしてくれないボス

　事務所で処理している事件の中に、あなたが全く進捗を知らず、処理にも全く関わっていないのに「代理人」として名を連ねている事件がある場合も要注意です。受任弁護士であると対外的に表示されているにもかかわらず、事件処理状況を把握していないこと自体があなたの落ち度だと評価されるおそれがありますし、処理している弁護士に非行があった場合、あなたも無条件にその責任を問われることになるからです。この場合、**「自分は担当していないからわからなかった」という弁明は、対外的にはほとんど機能しません。**

　なお、以上のような状況に置かれていたとしても、イソ弁という立場にある限り有効な手立てを取りにくいことが多いかもしれません。その場合は、独立や移籍を視野に入れた対応も検討の余地があります。

▎TIPS

「使用者責任と被用者への求償」の争点を思い起こせば、イソ弁を守らないボスの異常性・不当性は自ずから明らかとなろう。

3 法律相談の腕を磨いていく

1　弁護士の助言のレベル

　私は、法律相談を含め、弁護士が相談者や依頼人に接する際の専門家としての助言について、4つのレベルがあると考えています。

　これは、拙著『新版　若手法律家のための法律相談入門』（学陽書房、2022年、26～29頁）でも取り上げている内容ですが、法律家が相談者・依頼人の法的問題に対処する上で非常に重要な視点であると思いますので、ここでもごく簡単に取り上げたいと思います。

　私のいう4つのレベルは、目の前の法律問題に対して法律家が取ることができる内容を分析的に整理したもので、以下のとおり、Lv.1からLv.4にかけてだんだんと高度になります。

　Lv.1　関係する**法令・制度**等が正しく指摘できる
　Lv.2　解決の**方向性・手続の流れ**が正しく指摘できる
　Lv.3　期待できる**有利な結果**の内容を正しく指摘できる
　Lv.4　**勝率**を根拠とともに正しく指摘できる

　いずれのレベルも、法律を学んだり普段触れたりすることがない人にとっては難解ですが、Lv.2までであれば、法学部で2～3年学んだ程度の平易な法的知識を身につけることで対応可能です。例えば「貸金契約は金銭消費貸借契約に該当し、民法587条に定められている」「他人の物を10年ないし20年占有すれば民法に基づいて時効によって所有権を取得できる」といった民法の知識があり、民事訴訟に関する若干の知識があれば、アドバイスすることはさほど難しくはないでしょう。

　ところが、普通、相談者や依頼人が求めている「目の前の法的問題にどのように対処したら良いか」という問いにしっかり答えようとすると、Lv.2までの知識では全く足りません。貸金の事案であれば、例えば、契約書も貸し渡しの領収証もないときにどうすれば貸借の事実を立証で

きるのか、現金授受について相手がどのような反論をしてくるのか、もし「借りたんじゃなくてもらったものだ」と反論されたときに、こちらはどういった主張立証をすべきなのか、それに対して裁判所はどのように考え、判断するだろうかといった問題に対峙したときです。

単純な法的知識のさらに先にある、そうした「この事案では実際どうなるのか」という点がわからなければ、相談者・依頼人は押すべきか引くべきかの判断も立てられないまま、不安を抱き続けることになります。

こうした相談者・依頼人のニーズに応えるためにLv. 3やLv. 4の対応が必要になるのですが、そのためにはどうしても実務的な経験が必要です。

2　まだ経験の少ないあなたにもできること

では、実務に着いて間がなく、肝心の「経験」がまだない若手の法律家ができることは何もないのでしょうか。確かに、経験的に身につけた知識ほど重要なものはありませんが、それでもあなたには相談に際して確実にできることがあります。

① 事前情報を得ておこう

法律家の仕事には、尋問や起案など、現場思考よりも準備がより重視される仕事が多く、法律相談への対応もその一つです。相談の概要がある程度事前にわかっていれば、関係する法令や制度を予め調べ、ある程度の予備知識を得た上で相談に備えることができます。

反対に、何の事前情報もないまま臨む法律相談というのは、10年、20年と実務経験を積んだ法律家にとっても、全く不安なく対応できるものではありません。知らないこと、検討した経験がないことというのは、法律の世界に限っても数限りなくあるからです。また相談者が来所するまで、受ける相談が家事なのか知的財産なのか租税の抗告訴訟なのかが全くわからないという状態は、全く非効率的です。

これを防ぐには、可能な限り、相談に入る前に事前情報を得ておくようにしたいところです。可能であれば相談の予約が入った時点で、相談

第 2 章　さあ！　ボスから仕事がきたぞ　77

者や紹介者に「**今回のご相談の内容は大まかに言うと、どのような内容でしょうか**」と確認しておくとよいでしょう。

　また、法律相談では交通事故、相続、離婚、金銭貸借、不動産、相隣関係、債務整理など「聞かれることの多い問題の類型」があり、それぞれで頻繁に問題となるトピックというものも存在します。そのため、予め相談で尋ねられることを想定して、こうしたトピックについて集中的に知識を入れておくというのも有用です（この点は、前掲の拙著にある「よく聞かれる法律相談のトピックあれこれ」もご参照ください）。

② 延長相談

　ある程度準備をして臨んでも、慣れないうちは与えられた相談時間内に、あなたや相談者の満足のいく回答ができないこともあるでしょう。その場合は、変に背伸びをして整った回答をしようとするのではなく、**とりあえずその場は可能な範囲までの助言・回答にとどめ、十分に回答できなかったところを相談終了後に調べてすぐ補う**という方法が適しています（延長相談）。

③ Lv. 4 の対応に向けた知識の積み増し方

　このように、相談前の準備や相談後の対応で、経験の乏しさをある程度カバーすることはできますが、それと併せて新人の頃から身につけておきたいのが、自主的な知識の積み増し方です。これもいくつかの方法が考えられます。

ア　書籍で学ぶ

　最もお勧めなのは、自分で書籍から学ぶ方法です。理論的・体系的な書籍も良いのですが、相談対応の上ではやはりトライアルアンドエラーの結果をまとめたマニュアル書等の実務書が適しています。特に、最近は事件類型ごとに、失敗例から学ぶことをテーマに据えた書籍が増えており、犯しやすい間違いとその原因、対策に関する知識を効率的に身につけることができます。また、近時は多くの書籍を横断検索できる便利なWEBサービスも登場しています。技術の発展により情報を得やすくなったことで、それらを活用できるかどうかで大きな差がついてしまう

状況が生まれています。

イ　eラーニングで

　近時、弁護士会や司法書士会が会員向けに提供するeラーニングは、分野・内容とも充実しており、また書籍よりも法改正に迅速に対応できるという使い勝手の良さもあります。書籍と違って、通勤時間に倍速で聴くなど、効率的な知識の取得が可能です。

ウ　とにかく経験を

　以上のような、書籍やeラーニングは、特に知らない分野、不慣れな分野の知識を身につける上で有用で、Lv.3程度までの知見はこれらをしっかり行うことである程度カバーできます。

　一方、「実務感覚」とも言うべきLv.4対応を可能とする知見は、やはり実際に自分の事件として処理した経験からでなければ身につきません。目指す分野、取り扱いたい類型の事件は、経験のある先輩法律家と共同受任するなどして、処理経験を積み増していくことが肝要です。

TIPS

どれだけ相談の経験を積んでもわからないことはなくならないが、それを尋ねられたときの対処スキルが経験で培われる。

受任時にまずすべきこと

1 まずは利害関係チェックを

　受任時にまずすべきことは、**利益相反関係のチェック**です（法律相談が先行している事案では、その段階で利害関係のスクリーニングはなされているはずです）。さすがに、自分の受任事件相互で利益相反を見過ごしてしまうことはそうそうないはずです。注意が必要なのは、法律家が複数いる事務所での、他の法律家の受任事件との相反関係の有無です。

　利益相反事件は、後からそれが判明した場合、普通、辞任を余儀なくされ、業務のロスが生じますが、より恐ろしいのは**利益相反が懲戒というペナルティに繋がりやすい**という点です。

　なお、弁護士法や司法書士法に定められている「職務を行ってはならない」事件（弁護士法25条、司法書士法22条3項）の幅はかなり限定的ですが、形式的にはこれに当たらなくても受任を控えたほうが良いケースというのは多いものです。例えば、あなたがAからBに対する貸金請求事件（甲事件）の依頼を受け、その処理が終了した後に、今度はBからAに対する（甲事件とは全く無関係の）損害賠償請求事件（乙事件）を受任するという場合はどうでしょうか。甲事件が既に完全に終了しているのであれば、あなたが乙事件を受任することは、形式的には弁護士法25条や司法書士法22条3項違反の問題は生じないはずです。もっとも、AとBの関係やそれぞれの紛争の内容によっては、職務の公正に対する疑念を抱かせてしまう場合もあるでしょう。こうしたグレーゾーンでどのように振る舞うかは、その都度、具体的事情と考えられるリスクをもとに検討しなければなりません。

2 事件を埋没させない

　受任事件を埋没させないようにしましょう。特に次から次へと案件が降ってくる新人のうちは、多忙な中でつい受任したことを忘れ、一定期間、事件を寝かせてしまう失敗をしてしまいがちです。

　これを避けるためには、とにかく自分だけが事件と繋がっている状態を解消することです。受任したらすぐに事件記録を作成し、初動で行うこと、その処理期限を確認した上で、担当事務局にもその旨を伝えます。必要な資料の取得など、すぐにできる業務指示を行うこと、委任状が届き次第、相手方に受任連絡を行うことも有用です。こうすることで、万一あなたが受任事件を忘れてしまったとしても、長期にわたって事件が埋没する事態は避けられるでしょう。

TIPS

利益相反事案の受任にボスが無頓着なことがあるが、責任はボス・イソ弁に等しく降りかかる。

空転させないよう期日の準備は早いうちに

1 期日の空転はなぜ起こるのか

　随分先のことだと思っていた次回期日が、ふと気付けば1週間後に迫っており、あまつさえ自分の側の書面提出期限が今日までだったと気付く。そんな経験をしたことがある法律家は、世の中に2万人はいるはずです。そうして皆、提出期限はその日の午後5時までか23時59分までか、はたまた翌日の始業時間前までかといろいろと考えを巡らせるのですが、これ自体全く不毛な営みです。

　最近は、WEB形式での裁判期日出廷が広く認められるようになり、遠方から出廷する相手方や代理人に無駄足を踏ませる場面こそ減りましたが、**期日の空転は相変わらず大きな負のインパクトを持っています。**

　訴訟や調停の主張整理は、基本的に主張の応酬、速球や変化球主体のキャッチボールですから、投げた球が戻ってこないとこちらも投げ返すことができません。訴訟の期日は通常1ヵ月程度おきに指定されますから、一度空転するだけで1ヵ月もの期間が無為に費やされることとなります。

2 点と点ではなく線分で考える

　訴訟や調停における「期日の空転」と同様、法的手続の外での交渉や依頼人等との打合せでも準備不足による時間のロスは生じます。こうした無為な事件処理の空転が生まれてしまうのはなぜでしょうか。

　その原因の一つとして**事件処理を点（ポイント）の連なりとして捉えているために、意識や作業が完全に中断してしまう時間がどうしても長くなってしまうこと**があります。こうした局所的な視点で仕事をこなしているために、事件処理を俯瞰できず、必要な準備を忘れ、思い出した

ときには既に準備に必要な時間的余裕が失われているのです。

　事案の捉え方や主張整理の仕方とはまた違った視点で、ここでも**「点と点ではなく線で捉える」という視点**が必要です。

　とはいえ、法律家の働き方では複数の案件が同時並行的に走っているのが普通ですから、A事件の期日と期日の間もその事件だけを処理しているわけにもいきません。その「期日間」にはB事件の期日やC事件の相談・打合せ、D事件の申立期限等が組み込まれます。そのため、A事件を「線で捉えよ」といっても、どうしてもその事件に対する意識・注意が途絶える期間は出てきてしまうはずです（例えば、同じ期日間でも自分の準備事項がないときは、「手待ち」の状態が続くのが普通です）。

　結局のところ、一つの事件を「線で考える」といっても限界があり、できるだけ個々の事件処理の空白時間を長く取らないために、「点と点ではなく線分と線分で考える」といった感覚がより実態に合っています。

3　ではどうすればよいのか？

　「点と点ではなく線分と線分で考える」ために、私自身が実践しそれなりに有効だと思われる方法を挙げておきます。

① 次に起こること（起こすこと）をその都度明確に形にする

　期日や打合せが終わり、次の機会までにある程度時間があると考えて少し処理を寝かせてしまうと、期日空転のリスクは大きく高まります。その案件にばかり目を向けているわけには行きませんが、期日等が終わった段階で、次に取るべきアクションを明確にし、それを形に残しておくことで見過ごしを避けることができます。

　例えば、期日の経過報告書は当日か遅くとも翌日には作成し、双方当事者の準備事項と併せて依頼人に送付する、収集・取得が必要な資料についてはすぐに事務局や関係先に依頼・手配するといった形です。ここは第1章で述べた「誰かに渡せる仕事はないか」（⇨23頁）や本章の「事件を埋没させない」（⇨81頁）という点と通じる部分です。

第2章　さあ！　ボスから仕事がきたぞ　　83

② 先に期限を設定してしまう

　定期的に期日が巡ってくる法的手続と異なり、訴外の交渉や打合せ、継続相談などでは、明確に次回の予定を設定しないまま終了することがあるはずです。ところが、こうした仕事では、ある程度あなたの準備が整ってから次回の協議や打合せ、相談の日を設定するという進め方になりがちで、無為に時間が経過してしまうことがあります。特に、定期的に期日がやってくる別の事件がある場合、そのしわ寄せが生じやすく、そうこうしているうちに準備事項を失念してしまいやすくなります。こうした事態を避けるためには、まず協議や打合せが終わった段階で、次回の日程を先に入れてしまい、それに間に合うように準備を進めるという形が適しています。予定を先に立てることで自分を追い込んでいきましょう。

③ 余裕を持ったリマインドを設定する

　期日等の空転を避ける方法として、適切なリマインドを設定しておくことも有用です。手帳やカレンダーアプリ等で予定を適切に管理できているつもりでも、忙しいと２〜３週間先の予定を頻繁に確認し直すことは難しくなります。提出期限だけを入れていると提出期限当日（よくて数日前）に恐怖を味わうことになるだけなので、併せて**提出期限の１週間前、２週間前にもリマインドの予定（ないし手帳の記載）を入れておく**とよいです。仮に準備すべき事項を完全に失念してしまったとしても、提出期限の２週間前に気付くことができれば、そこからある程度十分な対応をすることができるからです。

④ 経過記録の付け方を工夫する

　「線分と線分で考える」ということは、すなわち一時的には個々の事件について、あなたの意識や処理の手が離れる時間が生まれるということです。そうして一旦手を離れた事件に再び着手するときに、時間が空けば空くほど記憶喚起に時間がかかります。これは１〜２週間程度の空白でも起こります。次に何をするのか、材料はどこまで揃っているのか

といった準備着手に必要な断片的事項をスムーズに確認できる方が時間のロスも少ないはずです。とはいえ、個々の事件にまつわる事情をすべて記録に書き留めたりするのは手間ですし、個別にメモを残していくのも後で見落としのリスクが大きくなります。

私は、管財事件や財産管理など様々な相手方や処理が乱立する業務では、特に分類することなく、「業務処理メモ（随時更新・○○）」というテキストファイル（一太郎）を1つ作り、そこにすべての処理経過を時間の流れに沿って記録していく方法を採っています（記録の際、日付は「きょう」、時刻は「いま」と打って変換すれば自動的にOSの日時を変換候補に出してくれるので便利です）。

こうしたテキストファイルは、自分が事件を見返すときに便利ですが、もしあなたに何か事故があったときに、別の事務所スタッフが処理経過を把握するためにも非常に有益です。

> TIPS
>
> 事前連絡なく「どうにも準備が間に合いませんで」と期日で述べる弁護士の8割は準備自体を忘れていた。

6 事実調査、リーガルリサーチのコツ

1 調査の心得

　起案や法律相談への回答のために、調べものをする場面はかなり多いはずです。ここでは、新人の法律家がそうした調査を行う際の心構えやヒントを取り上げます。

　法的思考において、事実とそれをもとにした法的評価という、区別される二つの要素があるように、法律家が行う調査業務でも、調査の対象によって事実調査とリーガルリサーチとは区別されます。ここで「リーガルリサーチ」という語は、主に**法制度や判例等、事実をもとにした法的評価に関し必要となる事項の調査**という趣旨で用いています（なお、実際には、具体的な法制度・法規制の調査のように広義の事実の調査との区別が難しい場面もあり、あくまでも概念としての区別です）。

2 事実調査の留意点

① 一般的な注意点

　まずは、事実調査の留意点ですが、当事者（依頼人）や相談者からの事実関係の聴取については、必要な事実とそうでない事実を明確に区別し、必要なもののみを時的要素や主体・客体に注意して確認していく作業が必要です。

　通常、調査の時間が限られている上、相談者や依頼人は法律家の事実調査に適した整理された説明が苦手なことも多いため、聞き方に一定の工夫と配慮が必要ですが、ここは法律相談での留意事項（⇨『新版　若手法律家のための法律相談入門』学陽書房、2022年、70～73頁）がそのままあてはまります。

② 直接問い合わせてよい先かを考える

　事件に関する具体的な事実の確認が必要な場面で、依頼人以外の関係者からの聴取が必要になることがあります。例えば、証拠として提出している（されている）資料の作成者に、その記載の趣旨を問い合わせるといった場面を考えてみましょう。そのような場合、あなたから作成者に直接問い合わせてよいかは、必ず検討しなければなりません。

　例えば、それが相手方本人であり、しかも既に代理人が就いているということであれば、通常、あなたがその相手方本人に直接問い合わせを行うことは許されません。相手方本人ではない場合でも、それが相手方側の人物である場合（例えば、敵性証人の陳述書の記載について事実確認を行う場合）には、やはり直接の連絡は控えた方がよいことが多いでしょう。そうした相手方側の人間に対する事実確認は、訴訟手続であれば尋問で、また訴外であってもまずは相手方の代理人を通して相手方やその側の関係者に事実確認を求めるべきだからです。

　なお、こうした状況では、仮にあなたが相手方やその関係者に直接問い合わせても有利な事情を確認できることは稀ですし、それを証拠化するのも難しいという問題を意識しておく必要があります。

　では、依頼人や味方の関係者であれば問題はないのでしょうか。

　依頼人や相談者本人への事実確認であれば、直接問い合わせることは通常、問題ないでしょう。もっとも、家族や職場の関係者などには紛争の内容や依頼の事実を伝えていない可能性もありますから、どのような形で事実確認をするかは依頼人等とまず協議して決定するべきです（どのような場合でも、**職場・自宅への予告のないFAXは危険**です）。

　中立的な立場の事件関係者についてはさらに慎重な手順が必要です。例えば、あなたの依頼人が提出してきた取引先からの請求書、納品書などについて、その記載内容を問い合わせる場合です。単なる取引先であれば、依頼人が紛争になっていること自体を知らない可能性が高く、いきなり法律家が問い合わせることで、その取引先と依頼人との取引にも支障が生じるおそれがあります（紛争の存在により依頼人の信用不安が生じる懸念もあります）。また、一般的に、人は法律家からいきなり連

絡が来ることを歓迎しません。仮に事実の聴取ができたとしても、その得た内容が依頼人の認識と一致しているか否かという問題は残ります。

　迂遠なようでも、**関係者へ事実確認を行う場合には**、まずは依頼人にその旨を伝え、**依頼人自身から関係者にアポイントメントを取ってもらうか、少なくともあなたから連絡する前に一報を入れてもらうかするべき**です。

③ 事実調査手法に精通する

　関係者からの聴取以外の客観的事実の調査はどのようなものがあるでしょうか。これは事件の内容や求める事実によって、手法は様々であり、一口に述べることはできません。

　相続関係を示す資料にはどのようなものがあるのか、事故車の速度はいかなる資料・情報をもとにどのように推測できるか、火災の発生原因を調べるについてどのような手法がありどこから証拠を得ることができるか、債務者の資産調査はいかなる方法で行えるかなど、単純な調査手法だけではなく、求める事実がどこにどのような形で記録化されているかという知識も必要になります。

　このような調査に関する知識・経験則自体が、法律家としての重要なスキルであるといえますが、経験に乏しい新人の法律家でもできることを４つ挙げておきます。

　一つ目は、**弁護士法23条の２に基づく照会（23条照会）の手続に精通**することです。照会手続でどのような事実・情報が得られるかについて書籍・マニュアル等で一通り目を通し、押さえておかねばなりません。弁護士業務ではこの23条照会なくしては十分な事実調査を行うことは不可能といっても過言ではありません。

　二つ目は、近時、法改正により使い勝手が大きく改善された財産開示手続（民事執行法196条）や第三者からの情報取得手続（同204条）などの**民事執行手続についてもきちんと押さえておく**ことです。これにより、事件の方針決定において選択の幅は大きく広がるはずです。

　三つ目。調べてもわからない場合、**知っている人に聞く**ことです。

　四つ目。事実の裏付けとして用いるために**どのような資料が最良か**を

考えることです（最良証拠の原則）。通常、原本が入手・提示できる場合には写しでこれに代えるのは相当ではありません。また、「記載されていること」自体ではなく、「記載された事実の内容の正しさ」を裏付ける証拠とするのであれば、ウィキペディアや作成者のよくわからないブログ・SNSの投稿、生成AIの回答などは不適切でしょう。客観的事実の公的な証明書が入手できるのに、誰かの陳述書や報告書でこれに代えるのも、通常はあまり意味がない選択です。

3　リーガルリサーチの留意点

　リーガルリサーチについては、基本的に法令や法制度として、あるいは裁判例として公開されている情報が対象となりますから、情報の取得自体には大きな支障はないはずです。求める多くの情報について、WEB上の情報検索や判例集の調査で得られることも多いはずです。

　もっとも、この調査も、何を調べるかによって調査の難易度は大きく異なります。例えば、「労働安全衛生法上、安全衛生管理者の選任が必要な労働者数は何名以上か」といった限定された法規制の調査と、「一般に刊行されている書籍の一部を研修資料として複製・配布するときにどういった法的問題があるか」といった網羅的・探索的な法規制の調査とでは調査の難しさには格段の違いがあります。

　調査対象が限られている前者のような場面であれば、法令やその解釈に関する文献（コンメンタール等の逐条解説書）や、過去の裁判例の調査によって答えに辿り着くのはそう難しくないはずです。

　一方、後者のような、理解力と経験を駆使するだけでは網羅的・確実な検証が難しい事項の調査こそ、現在研究・実践されているような人工知能（AI）の活用が期待されている分野だといえます。もっとも、現時点ではまだ、訴訟の証拠として引用できるほど信頼性の担保された回答を得ることはできません。

　自分がこれまで触れたことのない事件類型のリーガルリサーチを行う場面では、自分の調査が足りているか、すべての法的なリスクを調査検討できているかという不安は常につきまといます（実際、「知らなかっ

たために調査が足りなかった」と後で気付くことはよくあります)。

結局ここでも、自分の知識・経験で足りない部分を補う必要があり、私が新人の時代から積極的に取り組んでいる方法をいくつか紹介します。

① まず判例・裁判例やWEBの書籍閲覧サービスを当たる

あまり馴染みのない分野では、「どのような法規制が問題となるのか」というとっかかりの情報自体、アクセスしにくいものです。そうした場合、手っ取り早いのは、**とりあえず調査したい制度やトピックをキーワードにしてWEBの書籍閲覧サービスや判例検索サービスで検索をかけてみる**ことです。得られた検索結果では、そのトピックをもとにして紛争化した事例が挙げられるので、ヒットした書籍の記述や裁判例の要旨(サマリー)を概観していくことで、どういった法規制や法の解釈が問題となるかが見えてくるはずです。問題となる法令や条文がわかっているのであれば、その条文を参照する裁判例を検索することもできます。

特に、**WEBで学術書・体系書の多くを閲覧できるサービス**は、多くの掲載書籍の中から横断検索ができるようになっており、これが調査の上では絶大な威力を発揮します。今までのように、弁護士会の図書館に行き、当たりをつけて何冊も書籍を調べ回るという苦労が大幅に軽減された点は法律家にとっては大きすぎる利点です。こうしたWEBでの書籍閲覧サービスは今後、掲載書籍も広がりさらに使いやすくなることが期待できます。また、交通事故事件の処理では、事故状況図を視覚的に確認しながら検索できるウエストロー・ジャパンのサービスは、特に過失割合を判断する資料を得る上で非常に有用です。

いずれも月額方式で利用でき、その価格以上の価値は優にあるといえます。

② 知っている人に聞いてみる

ここでも、**知っている人に聞いてみる**という方法が奏功することがあります。処理経験のある人に聞いてクリティカルポイントが判明することもありますし、監督官庁に対して「○○という制度・手続を考えていますが、こうした場合に○○法上問題となりうる点はありますか」等と

尋ねることで思わぬ示唆が得られる場合もあります。

　もっとも、これはその人だけが持っている事実認識を尋ねる場合と異なり、自分で行うべき調査を補うために行う質問ですから、**何の下調べもしないまま質問したり問い合わせたりすることは避けるべき**です。

　ボス・先輩や役所の担当者は、あなたが調べるべき事項をあなたの代わりに調べるためにいるのではありません。また、そもそもそうした予備知識や下調べがないまま丸投げの質問をしたとしても、質問の内容がひどく抽象的・散漫なものになってしまい、明確・確実な答えを得ること自体難しくなってしまいます。まずは自分で考え、質問する際にもできるだけクローズな質問になるように、できるだけ争点や焦点を特定してから質問したいところです。

TIPS

判例・裁判例検索は庁名と裁判日付だけでは情報として不十分である。判例雑誌の巻・号・頁等の情報も必須である。

7 他士業や研究者の頼り方

1 他士業は連携すれども反目せず

① なぜ連携すべきなのか

　弁護士は訴訟事件、非訟事件、行政庁に対する不服申立事件に関する行為その他一般の法律事務を行うことができるとされています（弁護士法3条1項）。法律的な業際の問題にさほど神経質にならず、およそ「一般の法律事務」というざっくりした広い範囲の業務を取り扱えるというのは、法曹資格という「最も大きなバケツ」を買っておいた私たちの強みかもしれません。とはいえ、資格やバッジが目の前の事件を処理してくれるわけではなく、我々は常に自分の知識と経験、処理能力と相談しながらコトに当たる必要があります。

　弁護士は登記申請手続も代理できますし、税理士法51条の手続を経れば税務代理等の税理士業務も行うことができますが、それらを自分でやるべきかは別の問題です。慣れない業務を自分で行うことは時間的に非効率であるだけでなく、必要のない多くのリスクを抱え込んでしまうことにもなります。逆に、他士業との協力関係を築き協働することで、業務の幅も広がりますし、相互に相手の業務受任のチャネルとなるというメリットも見過ごせません。

　ここでも、他士業との分業という視点が重要です。登記業務、労務、税務、財務、不動産取引、各種申請行為、いずれもそれに特化した専門職がいるのですから、何もかもを自分の中に詰め込もうとするのではなく、チームを拡げることを目指しましょう。

② 気を付けたいこと

　他士業の先生方と協力して仕事に当たるときに、気を付けたいことが

いくつかあります。

ア　お願いする趣旨を明確に伝えよう

　あなたが依頼人に紹介する他士業の先生は、おそらくあなたが信頼している方のはずです。お互い知らない専門家同士では事件の目線合わせや情報共有にも不安がつきまといますし、あなたと繋がりのある専門家の方が依頼人にとっても安心感があります。

　もっとも、いきなりの丸投げは禁物です。依頼人にはどのような先生かを伝えておきましょう。また他士業の先生には**依頼人がどのような性格、価値観の方か**といった点だけでなく、**あなたが受けている事件の概要と方向性**についても伝えておきましょう。あなたが紹介した司法書士や税理士や公認会計士の先生は専門職であるため、自らの判断と責任で業務に当たることになりますが、それ故に、あなたが受任事件の概要や紹介の趣旨をきちんと伝えておかないと、受任事件の本来の方向性とは異なった処理になってしまうおそれがあります。

イ　繋いだら後は任せよう

　あなたが紹介者である以上、他士業の先生、依頼人の双方に「雑に丸投げされた」という印象を与えない程度に誠実・丁寧に繋いであげる必要があります。あなたが紹介した場合でも、依頼は依頼人から直接行うことになりますから、基本的には、**まずあなたが紹介先の先生に連絡を入れて紹介の承諾を取り**、その上で**依頼人の方から改めて紹介先の先生にアポイントメントを取ってもらう**方がよいでしょう（それなりに信頼関係のある先であっても「先生からうちの依頼人にお電話してください」という対応は避けた方が無難です）。

　一方、あなたの事件の概要や処理の方向性（紹介の意図）を伝え終わったら、後はできるだけ依頼人と紹介先のやりとりに委ね、処理経過の情報共有に徹した方がよいでしょう。あなたが間に入り続けることで情報伝達が間接的となりミスを生む原因にもなりますし、あなたにとっても紹介先にとっても迂遠なばかりで良いことはありません。

ウ　他士業の業務に最低限の理解は持っておこう

　あなた自身が紹介先の先生と同じレベルの専門的知見を備えておく必要はありませんが、少なくとも**依頼人にとって必要な手続・処理の概要**

を理解し、説明できる程度の知識と情報は必要です。

　例えば、登記関係業務であれば、その事案で必要な登記手続が何か、それを裏付ける実体的な権利関係はどのようなものかといった事案の理解や登記面上の記載の意味を理解できる程度の登記の知識は必要です。紛争実態を知らない司法書士の先生に依頼人を紹介して「本件で必要な登記手続を洗い出して全部処理してください」という対応はやはり無責任でしょう。税務や財務に関しても、どの年分のどの税目の申告を依頼するのか、いつの時点の財務資料が必要なのかという点を明確に指示できないと、税理士や公認会計士の側では動きようがありません。また、弁護士であっても、例えば遺産分割の交渉中の相続税申告をどのようにするか、事件終了後どのように対応すれば良いかといったポピュラーな問題点の知識は、依頼人に事件処理方針や税理士紹介の趣旨を説明する上でも必要でしょう。

　意外と見落としがちなのは、異なる士業の間での業務範囲の問題です。例えば、社会保険労務士は源泉徴収票の作成を業務として行えないというように、他士業間でも業際の問題は少なくありません。弁護士はこうした問題に無頓着になりがちですが、かなりセンシティブな側面があり、無理に頼むと相手の先生にも大きな負担と迷惑がかかってしまうことがあります。

2　研究者の頼り方

　未だ統一的な判断が確立していない争点が問題となる事案で、研究者等の専門家の鑑定意見を証拠化することがあります。医療過誤訴訟の私的鑑定が典型ですが、法解釈の争点について法学の研究者の意見を得ることもあります。

　この場合に気を付けたいことは、まず何よりそうした**意見書・私的鑑定書の効用を過信しない**ことです。自由心証主義（民事訴訟法247条）が支配する民事訴訟においては、こうした証拠の証明力も内容の説得性や合理性によるところが大きく、反面、作成者の権威や格といったものの立証上の効用は限定的です。これは私的鑑定が対立する医療過誤訴訟

で痛感するところです。

　また、作成依頼の際には、**依頼先の研究者・実務家の視点と言語に合わせる**必要があります。法律家は、有利な証拠として援用するために、過失や不当性といった抽象的な法律要件に即した結論を（幾分誘導的に）求めがちですが、研究者等の視座はもっと事実的で具体的なのが普通です。尋問と同様、意見書・私的鑑定書でも訊き方を相手に合わせて考える必要があります。

　最後に、費用の問題です。医療事故調査機関等のケースを除いて、私的鑑定の依頼コストに明確・画一的な基準は設けられていませんが、それでも**一般的な相場**は確かに存在しており、それを依頼側が見誤り「御礼」を渡したために「桁が違う」として思わぬトラブルになることがあります。

　これは多くの場合、研究業績という数値で表しにくい価値観に対する法律家側の理解不足によるものです。そうした軋轢が生じると、以後の協力も得られず鑑定依頼の意味自体も失われるのですから、依頼の際は、そうした相場観に精通した方を通じるか、あるいは、依頼先の研究者に依頼前に直接コストを確認しておくべきです。

> TIPS

指示する側がわかっていないことを指示される側がわかっていることは少ない。

第2章　さあ！ボスから仕事がきたぞ

8 期日に臨む前にすべきこと

1 期日1週間前の準備

　普通、期日の1週間前になると、来る次回期日で陳述（ないし提出）される準備書面や証拠が直送され、また副本が送達されているはずです。近時は民事裁判書類電子提出システム（mints）により、直送できる書面はオンライン提出の方法でもできるようになっています（なお、mintsは民事裁判IT化フェーズ3移行までの暫定的なシステムと位置づけられています）。

　あなたは、期日前の最後の1週間に、期日間に提出された資料にきちんと目を通しておかなければなりません。

　自分が提出した書面については、①主張内容の確認、②証拠の原本の確認、③証拠説明書の提出の確認が必要です。②は、WEB期日の場合、法廷の期日と異なり、画面越しに原本提示を行うわけではありませんが、期日で問題となったときに証拠の原本を確認できる体制は整えておきます。

　また、相手方から提出された書面も期日までに確認しておきます（そのために、期日に先立つ提出期限が定められているのです）。

　相手の書面は、普通、あなたの側に好意的な内容は書かれていないので、読んで分析するのにはそれなりのストレスを伴いますが、提出されたらできるだけ早くにその内容を確認します。

　相手の書面の記載や提出された証拠に、あなたが予期していなかった記載や依頼人からの説明と矛盾するように見える内容が含まれていることがあり、そうした点には裁判所も着目します。そのため、**できるだけ早く依頼人に写しを送り、期日までに可能な限りの事実確認と防御の態勢を築いておく**とよいでしょう。具体的な反論は改めて書面で行うとしても、期日までに依頼人への事実確認や反駁の可能性の検討を行ってお

くことで、心理的にも相応の余裕を持って期日に臨むことができます。また期日で簡単にでも切り返しができると相手の出鼻をくじき、相手に傾きかけた裁判所の心証を引き戻すことができるかもしれません。

　相手の書面に求釈明の申立てが含まれている場合には、**可能な限り、期日までにその応答のスタンス（質問に回答するか否かも含みます）を決めておきましょう**。これにも依頼人との協議が必要です。具体的な物や資料の証拠提出が求められている場合には、少なくともその求められている物や資料が依頼人の手元にあるのかどうかまでは確認しておきたいところです（その上で、期日でとりあえずどのように回答するのかは、また別の考慮が必要です）。

　また、文書送付嘱託や調査嘱託の申立てがなされている場合、次回期日を待たずに期日外で採用されることもありますので、そうした場合には、あなたの側も速やかに意見を出せるように申立内容やそれに対する依頼人の意向を確認する必要があります。

2　依頼人と和解に向けての方針を詰める

　相応に手続が進み、期日に和解の協議が見込まれる場合には、手ぶらで期日に臨むのではなく、**必ず依頼人との間で和解に向けての方針を詰めておくこと**です。このとき、できれば①相手方・裁判所に最初に提示する条件、②譲歩できる限度、③代理人の判断で応諾できる条件の範囲、の3点について検討しておきたいところです。

> TIPS
>
> 相手の文書送付嘱託や調査嘱託などは、期日前でも担当書記官に採否についての意見を求められる場合が多い。

9 期日当日がやってきた！

1 裁判所へ出廷する期日のとき

① いよいよ期日当日

　実際に裁判所へ出廷する期日には、時間に余裕を持って出発するようにしましょう。特に遠方の裁判所の場合、時間を見誤ったり、交通機関の遅延等が生じたりといった事情で到着が遅れることがありますので、ある程度の余裕を持って出るようにしたいものです。

　依頼人やエクスターンシップ生などを同行させる場合は、裁判所で行われている入庁時検査（所持品検査）の時間を織り込んでおかなければなりません。あなた自身も、徽章（バッジ）や身分証明書を携帯していないときは、入庁時検査を受けることになります。

　また、期日での原本提示ができない場合、提出が次回以降に持ち越しとなってしまいますので、先に確認した**提出証拠の原本の持参**も確認しておきましょう。

　事件記録には、普通、表紙や背表紙に事件名や当事者・代理人名、裁判所等が記載されているため、持ち運びのときは、そうした記載が他者から見えないように注意する必要があります。トートバッグや手提げに事件記録を入れる際には、記録の入れ方にも気を付けましょう。

② 裁判所に入ったら

　裁判所に入ったら、自分の事件の期日が行われる部屋に向かいます。刑事の公判手続や民事の弁論期日等では法廷となりますが、弁論準備手続は係属部の準備室やラウンドテーブル法廷での実施となり、通常、法廷と場所や階が異なります。法廷は事件記録に記載されているはずですが、（記録自体を忘れたりして）わからない場合は、係属部の書記官室

で確認しましょう（庁舎入り口の開廷簿でも確認できますが、係属部の方に聞いた方が早いです）。

法廷、民事部書記官室、準備室に入るときは身だしなみを整えましょう（もちろん、裁判官室に入るときも同様です）。

法廷であれば入室して、バーの近くにいる廷吏事務官に出頭の旨を伝えます。また調停や弁論準備手続であれば、多くの場合、決められた待合室に行く前に係属部書記官室で出頭した旨を伝える必要があります。このとき、事件番号、あなたの立場（原告代理人か被告代理人か等）、同行者の有無も確認されるのできちんと伝えましょう。この出頭の旨を伝えていないと、法廷前の廊下や待合室で呼ばれることなく待ち続け、無駄に時間が過ぎる（遅刻と扱われる）場合があります。

出頭の旨を伝えたら、法廷では傍聴席で、弁論準備や調停の場合は定められた待合室や廊下のイスで、呼ばれるのを静かに待ちましょう。傍聴席では足を組んだり、前の椅子の背もたれやバーにもたれかかったりすると裁判長から注意を受けることがあります。

また、法廷では「立ち見」ができません。傍聴席が空いていないときは、弁護士であっても一旦廊下に出て、廷吏事務官から呼ばれるのを待ちましょう。

帽子やコート、マフラー類は脱いで手に持ち、静かに入室します。裁判所のドアには、しばしばストッパーが効かずに異様に大きな音を立てて閉じるものがあるため、ドアの閉め方も注意します（うっかりドアをけたたましく閉めてしまい、注意を受ける弁護士が後を絶ちません）。

なお、注意事項にも明記されていますが、凶器になり得るためか、**傘は法廷や準備室に持ち込むことはできません**。庁舎の入口に必ず傘立てが設置されているので、そちらを使用するようにしましょう（期日の最中に雨が上がると置き忘れがちなので注意が必要です）。

③ 期日が始まったら

法廷での弁論期日、弁論準備期日のいずれにおいても、あなたの受任事件の期日が始まり、**裁判官が入室してきたら廷吏事務官の声に合わせて起立し、裁判官が着席するときに一緒に着席しましょう**。しばしば誤

解されがちですが、裁判官の入室時、起立したときに礼までが必要なわけではありません（実は起立も、刑事訴訟・民事訴訟法上は宣誓に関する定めが置かれているだけのようです）。

ただ、裁判官、代理人を含め、慣習的にこの起立のタイミングで一礼をする人が多く、私もそのようにしています。「裁判官への礼」と捉えて何か権威主義的なものに対する違和感をもつ方もおられるようですが、私は起立にせよ一礼にせよ、これは裁判官も行っているように厳粛な法廷に対して行うものだと理解しています。

さて、実際の期日の進行ですが、**法廷の弁論期日では、発言する際は必ず自席で立って発言する**ようにしましょう。一方、準備室・ラウンドテーブル法廷等で行われる弁論準備期日や調停期日では、発言の際にいちいち起立する必要はありません。

なお、期日では、裁判所や相手方から、提出した主張・証拠についての補足、立証方針、疑問点の説明などを求められることがあり、ここで的確・明快に答えられるか否かは、先に述べた期日前の準備がものをいいます。

特に裁判所は、近時、期日における口頭議論を重視していますから、本来代理人が把握しているべき基礎的な事実関係や主張の構造については、期日の場で即時のやりとりができることを想定していますし、審理方針については、暫定的・仮定的な答え方であっても議論を前に進められることを期待しています。このため、何を尋ねられても「確認して追って主張します」という対応では、やはり代理人としては心許ないところです。

もちろん、代理人は一方当事者側の立場ですから、どのような内容でも尋ねられたその場で答えないといけないというものでもありません。例えば、確認未了の事実を尋ねられた場合、依頼人や関係者に確認を取らないまま不用意に答えることは避けなければなりません。これは口頭議論におけるノンコミットメントルールとは別の次元の問題です。

また、事件処理方針の根幹や主張内容の信用性に関わる事項については、自分の知識・認識でその場で答えることが可能であっても、依頼人との協議を経るためにあえて回答を留保すべき場合もあるはずです。

要するに、代理人としては期日で問題となった事項や質問に対し、**その場で答えるべきことと、その場で答えないでよいこと、その場で答えるべきでないことを明確に意識して対応を決める必要がある**ということです。

　期日の終わりに次回期日を決めることになりますが、あなたが次回期日までに準備すべき事項がある場合、そのために必要な時間を見計らった上で、その1週間後を目処に次回期日を入れてもらうよう打診します。関係者との協議・事実確認や新たな証拠の取得、材料が揃ってからの起案の所要時間の他、証拠調べ期日等では、予め確認しておいた当事者や関係者の出廷の可否も検討して設定する必要があります。

　もし、期日管理を行っている手帳を忘れたときは、そのままでは期日調整ができないため、やむを得ず法廷から電話で事務所に予定を確認しつつ調整する必要があります。この場合、いきなり電話をかけるのではなく、裁判所に手帳を忘れたため事務所に電話をして調整したい旨を説明し、その許可を得てからかけるようにしてください。

2　その他期日当日に関して注意したいこと

　庁舎管理権の見地から、**建物の内外を問わず、裁判所の敷地内では許可なく写真撮影や録音・録画はできません。**重要な事件の期日がある日にマスメディアの多くがわざわざ裁判所の門の外からカメラを構えているのもこのためです。このルールは弁護士、当事者（依頼人）を問いません。一方、法廷の内外を問わず、メモを取るのは自由です。

　裁判所では、あなたの周囲には事件に関係のない第三者もいるため、関係者と交わす会話の内容はよくよく注意しましょう。

　また、特に準備室やラウンドテーブル法廷などで、相手方やその代理人と同席の上で期日に臨む場面で注意しておきたいのが、事件記録等に記載した内容の秘守の点です。依頼人との打合せや事件記録の検討の過程で、書面の欄外や記録の管理簿の部分に重要事項を走り書きすることがありますが、そうした記載が期日で記録を開いたときに相手方やその代理人の目に触れないとは限りません。

裁判所の廊下やトイレで、相手方代理人や相手方当事者と出くわすことがありますが、そうした場合にも不用意な接触は控えたいものです。親しい同業者に会ったときも、業務モードだと考え、馴れ馴れしく話しかけるのは避けましょう。相手方に代理人が就いているときは、あなたから相手方本人に話しかけることは「代理人の頭越しに不当な働きかけを行った」という問題を生じさせるおそれもあります。

　弁護士待合室などに入ったとき、たまたま相手方やその代理人の打合せ・協議の場面にバッティングすることがあります。つい聞き耳を立てたくなる気持ちはわかりますが、弁護士としての品位を害する行為にあたるとして、責任追及を受けるおそれがあります。

　また、裁判官と廊下やトイレで（あるいは売店で）顔を合わせることもありますが、そのときも担当事件について話を持ちかけるのは避けるべきでしょう。これは、裁判所の庁舎の外、例えば街中や飲食店などでたまたま出会ったときも同様です。

3　WEBでの期日のとき

　一方、WEB期日の出廷は、期日前の主張確認や求釈明に対する対応の検討、期日における裁判所・相手方とのやりとりに関する点は法廷に出廷する場合と同様ですが、以上に述べたような裁判所へ出廷する場合のルールの多くは問題となりません。WEB期日が始まるときにディスプレイの前で起立するといった話も聞いたことがありませんし、出廷の時間的コスト以外にも、多くの点で代理人にとって柔軟な手続になっているといえます。極論すれば、画面に映らない下半身が短パンでもさほど問題はないのです。

　もっとも、WEB期日にもいくつかの注意点を挙げることができます。

　まず、WEBツール（Microsoft Teams）への接続は余裕を持って行うようにしましょう。なるべく期日の5分前にはアプリケーションを立ち上げ、会議開始後すぐに参加できるようにしておきます。

　また、何らかの不具合で接続が確立できないときには、すぐに係属部に電話し、電話会議の方法に切り換えてもらうなどの対応を協議する必

要があります（裁判所側の機器やネットワークの問題で接続が上手くいかないケースもしばしばあります）。ただし、近時新たに導入されたウェブ口頭弁論では、こうした柔軟な「電話会議への切り替え」は想定されていないので注意が必要です。

　WEB期日も弁論準備期日ないし書面による準備手続期日という非公開の手続として行われている場合には、期日の内容が当事者やその代理人以外の者に知られない形で行われる必要があります。事務所で接続する場合には、ヘッドフォン使用や区切られた部屋・スペース等での開催など、当事者・代理人以外の者が期日のやりとりを見聞きできない状態が確保されている必要があります。

　また、送達場所である代理人事務所以外の場所からの接続となる場合は、事前にその旨を裁判所に伝え、求められた場合には必要な上申を行っておく必要もあります。

　なお、WEB期日の間、代理人の画面はオンにしておく必要がありますが、その際には背景に他の事件の記録や誰かのプライバシーに関わる情報が映り込まないように注意する必要もあります。

TIPS

期日で裁判所からよく訊かれるのは、主張の趣旨・位置づけ、主張・立証予定、そして、和解する気があるか、である。

10 期日直後の業務も抜かりなく

1 退出のマナー

　無事期日が終了したら、弁論期日・弁論準備期日等では一礼して法廷や準備室等から退出し、またWEB期日であれば「失礼いたします」と述べてアプリケーションを閉じます（Microsoft TeamsはZoomやWebExと異なり、「退出」のボタンをクリックすると同時に接続が切れるので、裁判官や相手方に対して「ガチャ切り」のような切り方にならないようにしたいものです）。

2 忘れないうちにやるべきこと

　そして、期日終了後、まず、忘れないうちに次回期日の設定をしておきます。手帳、カレンダーアプリのいずれであっても、すぐに次回期日や双方の書面の提出期限を設定しておきます。事件記録にも記載しておくとより確実です。また、自分一人だけの管理では、忙しくなるとつい次回期日の記録や転記を忘れてしまうことがあるので、例えば期日終了ごとに担当事務局へメールや電話などで連絡することも有用です。

　次に、次回までに双方（ないし裁判所）がすべき準備事項（宿題）を確認し、その内容も記載した経過報告書を作成して依頼人に送付します。経過報告書は、忙しいとついつい後回しになってしまうので、**通常、期日の当日中か遅くとも翌日中には発出する**というルールを決めておくべきです。特に、経過報告書の遅れは、次回の準備のために依頼人にも資料の取得・提出等何らかの対応を求める場合に致命的な処理の遅延を起こすことになってしまいます。

　しばしば、自分の側に準備事項がない場合、相手方の書面の提出期限を忘れてしまいがちで、相手方が準備書面の提出期限を徒過していても

それに気付かないことがあります。特に、相手方の書面提出を待って次回の期日に三者で進行や和解の協議を行うといった場合には、相手方の主張の遅延も大きなロスに繋がります。そうした場合には、カレンダーアプリに相手の書面の提出期限を設定しておき、これを過ぎた時点で書面等の提出がない場合には、担当書記官を通じて督促してもらうということも検討の余地があります。最近では期限を徒過した時点で、Microsoft Teams上で書記官から状況確認の連絡がなされるようです。

TIPS

期日が終わってから経過報告までの時間が長く空くと、たいていの依頼人は何か不利なことがあったのかと不安に思う。

11 起案の前に 必ず押さえたいこと

1 「起案」とは何か

　およそ法律家ほど、書面を書く機会の多い仕事はないのではないか、ほとんど弁護士業しかしたことのない私は常々勝手にそう思っています。弁護士が作る書面には種々のものがありますが、事件の相手方など戦うべき相手や説得すべき相手がいる状況で行う書面作成の仕事には独特の難しさと取り組みにくさがあります。

　準備書面や主張書面など、主にそうした書面作成の仕事は「起案」と呼ばれますが、単なる報告文書の作成と異なり、**対立当事者の主張に対して反駁し、読み手（判断権者）に自己の正当性を知らしめるという要求**があり、他の書面作成の仕事とは違った心理的・肉体的な負担感を感じます。

　本項では、法律家が直面する書面書きの仕事のうち、そうした「起案」について、新人のうちから身につけておきたい姿勢や取り組み方を取り上げます。

2 フォーマットを活用しよう

　人が新しく何かを学ぼうとする場合、自分の頭で一から考えてみること、一つの成果を自分の力だけで作り出してみることが重視され、マニュアル主義や安易な先例の踏襲は避けるべきであるとされる風潮があります。

　これは既存のやり方やセオリーを身につけ、理解するために、制度のメカニズムや知識の機能の仕方を、一度は自分で身をもって理解しておかなければならないからです。

　では、実務はどうでしょうか。これはかなり様相が違っています。

確かに、実務で取り扱われている制度の具体的内容や、あなたが提出する主張・証拠は、あなた自身がきちんとその意味や内容を理解しておかなければなりません。一方、弁護士として仕事をこなしていく上では、依頼人のニーズに応え、限られた時間内に一定の成果を上げることも同時に求められます。**「自分で頑張って調べ、仕上げたこと」が評価されるのは社会に出る前**までです。

　「起案」でも、多くの場合、あなた自身が一から自分の頭で理解し、一つ一つ調べながら作成・提出すべき書面の内容を組み立てていくだけの時間は与えられていません。例えば、不動産が絡む多くの法手続において物件目録を作成・添付することが求められますが、不動産登記法の条文をもとに、毎回一から考えて作る人などいないでしょう。みんな、少なくとも１例目では、過去の類似事件のデータなどを流用し、作成したはずです。

　既に組織や業界の知見として与えられているデータがあるのに、それを活かさずに自分で考えて作ることにはさほどの意味も価値もありません。それよりも、**既に実務で機能したことのある既存のデータ**を活用し、事件をこなしつつ知識・経験を身につけていく法が効率的でスマートです。

　そこで、あなたがまだ起案したことのない書面を作成することとなったら、まず何をおいても先に、事務所のデータやマニュアル書などから、参考にできる過去事例のデータがないかを探しましょう。継続して業務を行ってきた事務所であれば、それがたとえわずか数年であったとしても、参考にできる過去の事例はそれなりに集積されているものです。

　特に請求の趣旨や和解・調停の条項例などは、執行の可否や後の紛争予防に機能するかという重要な視点があるのに、自分で考えてもなかなか良い答えが出ません。

　そうした場合には、裁判例や和解・調停の解決事例で用いられている記載（これらは裁判所や法務局のスクリーニングがなされているものが多いです）を探すことが確実です。

　ただし、過去事例のデータを使う際は、それが用いられた事例とあなたが直面している事例には必ず違いがあるという点を意識し、それに応

じた改変・修正を行うことを忘れないことです。参考にするデータの内容で、趣旨・必要性がわからない記載があるときは、必ずそれが書かれている趣旨や法的根拠も確認しなければなりません。元は他人の作成した過去事例のフォーマットであっても、あなたが作成者として世に出す書面は、あなた自身がそのすべての内容を理解し、説明できなければならないからです。

　また、書面作成は、人によって好みの違いが強く出る作業なので、どこかしら気に入らない部分を自分に違和感のないように修正して使うことも多いはずです。書面としての趣旨や機能を損なわない限り、自分のスタイルに合わせた改変は積極的に行うべきでしょう。特に、項目分け、段落分け、インデントの様式などで気に入らない部分は、思い切って自分流に作成し直してみましょう。

　そして、そのように過去事例をもとに作成した自分のデータを、あなた自身の**書式集として蓄積し、いつでもすぐに引き出せる状態を保っておくべき**です。同じ類型の起案なのに、作成の度に書籍や事務所のデータベースを毎回検索しないといけないというのはひどく非効率的です。

3　起案の際に持ちたい視点

　起案で注意しておきたい視点がいくつかあります。

① 長くし過ぎない

　起案で重要な点は、長くし過ぎないことです。これは、文書全体、その中の文章の書き方の両方に言えることです。

　書面や文章が長いと、それだけ読み手は時間を取られますし、多くの理解力・集中力を強いられることにもなります。このため、書面やその中の文章が長くなればなるほど、読みにくい・わかりにくい書面ができあがってしまいます。

　何十頁もの面を書くのは一見大変そうですが、実際は、同じ内容の短くまとまった書面を書く方がずっと難しいのです。**起案が長大であることそれ自体には全く価値も意味もありません**（相手方をウンザリさせる

効果はありますが、これは思いを真摯に伝えたい読み手にも波及します）。

　書いてある情報が同じであれば、書面自体は短ければ短いほど良いということを肝に銘じましょう。もちろん、主張・反論すべき内容が多くなれば、その分起案も長くならざるを得ないのですが、それとこれとは別の話です。

　一通り書面を書いたら「どこか削れる部分はないか」という視点で一度は推敲してみましょう。

　一つ一つの用語や証拠の引用を短く記載することも重要です。例えば、「甲第１号証」と「甲１」とでは情報量は変わらないので、迷わず後者にすべきです。繰返し出てくる用語の略記も、必要十分な長さの言葉に設定します。

　一方、読みやすさを確保する上では、逆に（少し分量が増えることになっても）一手間加えてみる方が良いこともあります。例えば、一つの文を長くせず、最大でも３行程度に抑え、それ以上の場合は２文に分けるとよいでしょう。また、見出し、小見出しをこまめに活用して「その部分に何が書いてあるか」を明確にすることで、読み手にとっても、後で繰返し読み返すあなたにとっても、書面の読みやすさが確保されます。

② 法律文書としての品位・正確性を保つ

　起案する法律文書には、法律家としての一定の品位と格、そして正確性が保たれていることが必要です。

　過度に口語的な表現は適切ではないでしょうし、法令名や制度などは正式な表現を正しく記載すべきです。特に制度の名称は、不正確な記載により、目的としない別の制度等との混同を生じるおそれがありますし（例えば、雇用保険の「傷病手当」と健康保険の「傷病手当金」の混同など）、書き手であるあなたの理解が十分でないことを印象づける結果になってしまいます。

　一方、「労災保険」「自賠責保険」など、略称の形で社会で通用する用語については、いちいち正式名称で記載すると逆に目障りです。初出部分で正式名称を記載し、後は「（以下、「○○」という。）」という形で略記すれば足りるでしょう。

第 **2** 章　さあ！　ボスから仕事がきたぞ　　**109**

なお、訴えたい内容を強調するあまり、表現や内容が攻撃的になるのは避けなければなりません。依頼人の目を意識してそうした無用に攻撃的な書面を作成・提出する実務家が稀にいますが、読み手からすると、粛々と隙のない法的主張を連ねる書面よりも迫力で劣り、むしろ主張内容への自信のなさの裏返しに映るおそれがあります。また、無用な攻撃的主張によって代理人が懲戒されるというケースも見られます。**攻撃性は、書面の表現ではなく、その法律構成や主張の組み立て方で示すもの**と考えた方がよいでしょう。

③ 条文、証拠の引用をしっかりしよう

　起案する書面は、内容に法的・客観的な根拠があることを明確にアピールできるものでなければなりません。そうした法的根拠や客観的証拠の裏付けのない「べき」論は、あなたの気持ちの表明以上の意味はありません。**引用できる証拠や法令の条文などはきちんと明記する**ようにしましょう（準備書面の証拠引用表記は民事訴訟規則79条4項にも明記されています）。

　証拠の出し方は工夫と配慮が必要です。外国語の証拠は訳文添付が必要ですし（民事訴訟規則138条）、大量の証拠は必ずページ数を付す、引用箇所にマーカーを引くといった配慮が求められます。類似の書証も一括して付番するのではなく、必ず書証の成立ごとに別々の証拠として扱い、必要であれば枝番を付します。なお、現在の実務では、文書の記載から明らかか否かを問わず、文書の標目、作成者、立証趣旨を記載した証拠説明書（民事訴訟規則137条）を提出する運用となっていることにも注意が必要です。

　また、些末なようですが証拠の並べ方も少なからず起案の読みやすさに影響します。読み手は書面と証拠を対比しつつ内容を確認していくので、証拠は基本的に出す順番（書面で引用する順番）ごとに並べる方がよいでしょう。

　そのためには、手元にある証拠を確認してから、法律構成・起案の全体像の組み立てに入る必要があります。

④ 事実と評価を分けて記載しよう

　起案の対象となる法律文書では、法的三段論法を意識した内容とする必要があります。そのため、書面の内容には「小前提」である事実の存否に関わる主張（事実主張）と、それを適用すべき「大前提」である法適用に関する主張とが出てきますが、これらを一緒くたにして書いてはいけません。文章の流れやリズムが損なわれ、法律家として何が言いたいのかがひどくわかりにくくなるからです。また「事実と法的評価が渾然一体となった書面」は、読みにくい書面としてやり玉に上げられる典型例です。

　起案の際は、**事実の記載とそれをもとにした法的評価の記載は、段落や項を変えるなどして、明確に区別して記載しましょう。**

> **TIPS**
>
> 依頼人の意向で必要性の乏しい主張を記載するときは、起案上も構成を分け、重要部分と視覚的に区別しておきたい。

12 それでは起案に 取り組んでみよう

　以下では、相手方から出された書面に対する反論の場面を想定し、具体的な対応方法を紹介します（訴状や申立書など、相手への反論がない起案でも、それ以外の部分は同様です）。

1　まずは相手の主張を読む

　反論のための起案は、相手の主張内容を正しく理解することから始まります。相手の主張は、通常、あなたの側に対して好意的なものではなく、また、あなたの側に不利な事実や主張が記載されていることも多いので、提出された書面を読むのは、正直なかなか気の進まない作業です。

　読む前はナーバスになり、読み始めたら怒りを覚えることが多いため、つい後回しにしがちですが、相手方の書面を読むのは早いに越したことはありません。少なくとも、相手方の書面が直送されてから、それが陳述される（提出として扱われる）期日までの間には読まねばなりません。

2　認否を確認する

　通例、相手方の書面には、あなたの主張に対する認否と、これを前提とした新たな主張が記載されているはずです。

　そこで、まずあなたとしては、**相手方の書面での認否部分がどうなっているかを一つ一つ確認していきます**。普通、相手の認否は「（1）については、認める。」というように書かれていますが、それを読むだけでは「（1）」があなたの主張のどの部分を指しているのかはわかりません。そのため、この作業のときは、前にあなたが出した書面の内容も見ながら一つ一つ「認否をとって」いきます。

相手方の書面を見ながら、自分が前回出した書面に手書きで「○（認める）」「×（否認する・争う）」「△（不知）」「－（認否不要）」等の記号を書き込んでいくと、どこを相手が認め、どこを争っている（不知としている）かが視覚的にわかりやすくなります。逆にこれをしないと、主張の対立点を読み違えることがあるため、きちんとしておきたい作業です。この「認否をとる」のは、主に相手が「否認する（争う）」部分や「不知」とする部分、つまり**あなたの側で主張・追加立証が必要な部分を洗い出す**のが目的です。

　また、このとき、同時に、求釈明を申し立てるべき部分がないかも確認する必要があります。例えば、「否認する」としながらその理由（民事訴訟規則3項）が書かれていなかったり、相手方自身が経験した事実の主張であるのに「不知」としていたり、あるいはあなたの側の重要な主張について認否が抜け落ちたり（「認否落ち」）している場合には、求釈明の申立てを検討することになります。

　そして、相手方の新たな主張部分については、逆に**あなたの側でどのように認否・反論するかを一つ一つ確認していくこと**になります。相手方から出された書面の内容には、あなたが聞かされていなかった（確認していなかった）事項が含まれ、改めて依頼人や関係者からの聴取が必要となる部分もあるかもしれません。相手方の書面には、あなたの側に対する求釈明の申立てが含まれていることもあります。

　繰返しになりますが、以上のような、相手方の認否をとる作業、あなたの側の認否・反論の当たりを付ける作業は、期日後に行うのではなく相手方から書面が出た直後、それが陳述される期日までの間に一通り行っておく必要があります。期日には、次回までに再反論を行うあなたの側の主張・立証方針の確認がなされますし、求釈明の申立てが出されている部分は、あなたの側の対応方針も説明を求められるからです。また、相手方の主張内容の不明・不可解な部分に気付くことができれば、期日当日に口頭で回答を求めることもできるからです。

3　あなたの認否を記載する

　次は、実際にあなたの反論の書面を作成する段になります（反論のために必要な証拠の収集や情報の確認は既に済んでいることが前提です）。

　あなたの側の書面も、相手方の書面での新たな主張に対する認否と、これを前提とした反論主張を分けて記載することになります。

　まず、あなたの側の認否の書き方についてですが、**2**で記載したのと同様、あなたの側も認否落ちが生じないように、相手方の書面の内容に沿って、一つ一つ「認める」「否認する・争う」「不知」という形で認否しておくことになります（認否を要しない部分については、沈黙する場合もありますが、認否落ちを疑われないように「認否の必要はないと考える」と記載することがあります）。

　段落ごと、一文ごとに区切って認否をしていくのが確実ですが、「第○段落は認める」といった記載では、読み手にいちいち何番目の段落かのカウントを強いることになり、認否を記載する側自身も間違えるおそれがあるのでお勧めできません。面倒なようでも「第○段落（「原告は、このとき」〜「伝えていた。」）」というように、当該段落の記載から位置が読み取れるような書き方をすべきです。

　また、「概ね認める」といった認否は、何を認め、何を否認している（争っている）かが不明確で認否をしていないに等しく、相手方から釈明を求められるのでしてはなりません。

　事実を否認する場合には、必ずその理由を明記しましょう（「理由付否認・積極否認」。民事訴訟規則79条3項）。このときよく迷うのが、否認の理由を認否部分で書くか、それとも反論主張部分で書くかです。理由が端的に記載できるものであれば、「否認する」という記載に続けてそのまま書けばよいでしょう。一方、その否認理由の記載が相応の長さになってしまう場合には、これをそのまま認否部分で書いてしまうと、書面自体が読みにくくなり、また、反論主張の全体的な理解も困難になるという悩ましい問題があります。

　特に、事実経過全体に渡って双方の主張の隔たりが大きい場合には、認否部分で逐一理由を記載していくと収拾がつかなくなり、反論主張も

114

断片的になるという目も当てられない状況になります。そうした場合は、反論部分で自分の側の事実経過のストーリーをまとまった形で提示した方が、読みやすく伝わりやすい内容とすることができます（あなたの側も主張の漏れを起こしにくくなります）。認否部分では「○○は否認する。理由は後述する。」とのみ記載し、具体的な否認理由は反論主張部分で整理して記載するとよいでしょう。

4 反論主張を記載する

① 反論主張は「木を見て森も見る」「点と線で考える」

　当事者や代理人は、えてして局所的・部分的な主張や立証、証拠や供述の信用性で勝ち負けが決まるという考え方に陥りがちです。一方、裁判所は通常、その事案の部分と同時に全体も見て、その整合性を判断しようとします。また、事実や証拠一つ一つの信用性だけではなく、それらを通じて一本の矛盾・破綻のないストーリーが組み立てられているかという点も重視します。これらの視点の違いは、一方当事者の主張や事実・証拠から事件に関わる代理人と、「双方から提出された主張や証拠をもとにできるだけ客観的な事実を明らかにしたい」と考える裁判所の視点・役割の違いによるものですが、こうした違いは時として「勝てると思ったのに、予想外のところで負けた」という代理人の認識と結果のギャップを生む要因にもなっています。代理人が主張を組み立てる際には、個々の主張や証拠の座りの良さだけでなく、「木を見つつ森も見る」「点と線で考える」といった視点を持つ必要があります。そして、**絶えず、紛争全体を見た場合に優勢なのか劣勢なのかを見極める努力が必要**です。

　代理人自身がそうした俯瞰的な視点を持ったり、裁判所の心証を正確につかんだりすることはなかなか難しいものですが、期日ごとの裁判所の訴訟指揮や釈明内容、特に期日ごとに代理人に指示する準備事項（宿題）の内容からそれをうかがい知ることができるはずです。

第 2 章　さあ！　ボスから仕事がきたぞ　　115

② 相手方から出た判例・裁判例は必ず原典に当たる

相手方の主張で引用されている**判例・裁判例は、必ず原典に当たりましょう**。判例が主張として引用されていると自分の側が一気に不利になったような苦しさを感じることがありますが、世の中には一つとして同じ事例はないため、つぶさに見ると判断の射程外であったり、前提としている事実関係が大きく異なっていたりと、反論の糸口はそれなりに見つかるものです。

とはいえ、単に「本件とは事案が異なる」と抽象的に述べるだけでは全く反論になりません。相手方が判例・裁判例のどのような点に着目し、自説の根拠として引用しているのかを見極めた上で、適切に反撃する必要があります。最高裁の「判例」と下級審の「裁判例」とでは重みも違います（高裁レベルで言うと、どの高裁の判断かという点も重要です）。特に、裁判例レベルでは、最高裁の統一的な判断が存在せず、積極・消極のいずれのケースも見られることがかなり多く、準備書面での引用も我田引水的な内容となっていることが少なくありません。

また、「事案が異なる」ことを示すには、判例雑誌等には掲載されない具体的な事実経過を調べた上で、それを処理している事案と対比する作業が不可欠です。判断の元となった事実を知るには、多くの場合、判例だけでなく下級審の判断まで遡って確認する必要があります。

相手方から判例や裁判例を引用した主張が呈されたときは、必ず原典に当たること、そこで示される規範や考慮要素を自分の事案に適用した場合にどのような判断になるだろうかと評価しておくことが大切です。

なお、あなたの側で裁判例を引用する場合には、あなたに不利な判断を示したものもリサーチし、それらが相手方に引用された場合に適切に反駁できるよう準備を怠らないようにしたいところです（あなたが調べた裁判例はおそらく相手方も見ています）。

③ どこまで書くべきか見極める

起案では、「どこまで書いたらよいか」と頭を悩ませることが少なくありません。なかなか定まった結論の出ない深遠なテーマです。

民事事件の起案では「本証」と「反証」の意味を正しく捉えておく必要があります。本証は、証明責任を負う当事者の提出する証拠あるいは立証活動を指し、反証は、証明責任を負担しない側の立証活動をいいます。そして、民事事件における「反証」は刑事事件におけるような「合理的な疑いを超える」レベルまでの立証活動は求められておらず、証拠の優越で足りるとされています。

　また、誤解しやすいところですが、いわゆる規範的要件事実の存否は、「評価根拠事実と評価障害事実を総合判断する」という立て付けですが、実際には両者をフラットに評価するのではありません。そもそも立証責任を負う側が提示する評価根拠事実だけを見て立証に足りていないのであれば、評価障害事実の検討はなされないことになります。この点は、過失や正当事由、善管注意義務違反といった点が争点となる事案において、どのように反論するかに影響する視点です。

　相手方の取るに足らなさそうな主張にどこまで付き合うかという点もよく悩む問題です。証拠に照らしておよそ通りそうもない主張につぶさに反論しているようだと、「争点がぼやけるのではないか」「逐一反論すると裁判官には却って余裕なく映るのではないか」と気になり、律儀に反論して泥仕合をするのではなく、相手にしない方がよいのではないかと思えます。その一方で、「裁判所が毅然と切り捨てずまともに取り合ってしまうのではないか」「こちらがきちんと反論しないと致命傷になるのではないか」という不安を感じることもあります。裁判所と代理人・当事者の埋められない心理の溝が生む疑心暗鬼の状態ですが、付き合う、切り捨てる、いずれの選択が正しいかは事案や裁判官によって異なり得ると考えられます。だからこそ難しい問題なのでしょう。

　裁判官によっては、争点とは異なる主張であっても、主張の形を取っている限り判決では排斥しないといけないので、相手方代理人が主張書面で一通り潰してくれると助かるという意見の方もいるようです（⇨『裁判官！当職そこが知りたかったのです。』学陽書房、2017年、24〜25頁）。

　また、まともに取り合う必要のない主張でも、それに全く反論せず相手方の言うがままにさせることで依頼人が不安・不満を感じてしまうということも気になります。そうした取るに足らなさそうな主張が出た場

合、代理人としては、**基本的にはできるだけ端的に反論する**ことで済ませ、**裁判所の対応を見ながら必要に応じて反論の追加を検討する**という姿勢が最も適切であるように思われます。

④ 主張と証拠の関係を考える

　素材は同じでも、書き方によって、読み手の印象は結構大きく変わるので、主張と証拠の結びつけ方についても考えておきたいところです。

　証拠をまず先に羅列し、そこから導かれる内容として主張を組み立てていくという方法は、必要以上に客観性が強く（当事者性が薄く）なり、説得力・感銘力の乏しい色あせた主張になってしまいがちです。こうした見方・捉え方は裁判官的なものといえますが、**当事者は生の事実を体験し、それをもとに一定の事実関係や法的主張を訴えているはず**です。それと逆行するような主張の仕方はどうしても当事者の取るべき立場とは違和感を生じさせてしまいます。

　例えば、貸金訴訟の原告は、「金銭消費貸借契約書と領収書があるから自分には貸金返還請求をする権利がある」と訴えているのではなく、「被告に金銭を貸し付けたのでそれを返せ」と主張しているわけです。そこでは契約書や領収書は主張を裏付ける証拠でしかなく、請求の発端、きっかけではありません。

　そこで、基本的には**まず主観的な当事者の主張を打ち出し、それを裏付ける形で存在する客観的・合理的な証拠を提示する**という記載が、説得力や迫真性を生み、適しているといえます。

⑤ 読み直して修正する

　書面が書けたら、もう一度最初から最後まで読み直します。

　誤記、誤字・脱字は必ずあるものとして見直しましょう（書面の長短にかかわらず思わぬミスがあるものです）。特に何度も推敲と書き直しをした書面では、単純な誤字・脱字にとどまらず、証拠番号のズレの未修正や文章の繋がりのおかしさ等が生じやすくなります。

　また、先に見たように、**書いてある情報が同じであれば、書面自体は短ければ短いほど良い**わけですから、一通り書面を書いた後は、どこか

削れる部分がないかという点も一度は確認しておきたいところです。

5　提出期限に間に合わないときは

　依頼人との内容の擦り合わせが間に合わなかったり、確保するはずの証拠の収集が遅れていたりなど、どうしても定められた提出期限に書面提出が間に合わないときがあります。

　そうした場合、間に合いそうにないとわかった時点で、担当の書記官と相手方に連絡し、遅延の理由と、いつ頃であれば提出できそうかを伝えて理解を得るようにしましょう。少なくとも、何の連絡も提出もないまま空手で期日に行くことだけは避けるべきです（最近は期限を徒過すると裁判所から督促されることも多いです）。

　こうした提出遅延の連絡があるとないとでは、次回期日の進行の充実度もあなたに対する裁判所や相手方の印象も大きく変わります。特に、裁判所に定められた提出期限を徒過すると、対立が激しい事案では相手方の当事者からあなた自身が責任追及されるおそれもあります。

> TIPS
>
> 恋文と同じで、夜中の事務所で一人で書いた起案は、翌朝、提出前に必ず一度は見直した方がよい。

13 一つの仕事を任せてもらえる レベルを目指そう

1 事務所やボスが期待するゴール

　第１章で３年先の自分のあるべき姿を常に想像しつつ日々仕事をしようということを書きました（⇨13頁）。これは、新人のあなたが日々の不安を払拭し、自信を持って実務経験を積んでいくために重要な目標です。

　もっとも、あなたは事務所やボスがあなたに期待するゴールも意識しておく必要があります。それは、**できるだけ早く、少なくとも一つの種類の事件について、最初から最後まで一通りの仕事を任せてもらえるようになる**ことです。

2 あなたの中で完結する仕事を

　今のあなたは知らないことの方が多く、事務局スタッフへの指示出しや依頼人とのちょっとしたトラブルにもボスや先輩の助けを求める状態かもしれません。法律事務で扱う内容が深刻である以上、駆け出しの頃のこうした関係・状況は避けられないことです。もっとも、これは、あなたがまだ一人ではおよそ依頼を処理できる状態になく、ボスや先輩が自分の業務以外にあなたのフォローという余分な作業に労力を割かねばならない状態にあるということを意味します。

　あなたもきっと、「早く事務所の戦力になりたい」あるいは「できればボスや先輩に口出しをされずに自分自身である程度完結した仕事ができるようになりたい」と強く感じていることでしょう。私は後者でした。

　そのためには、一つでも二つでも、**何かあなたが自分だけの力で受任から事件終了まで担当できる種類の業務を作る**ことです。

　進捗の共有や困ったときの相談は別として、いちいちボスや先輩に方針の伺いを立てることなく、依頼者対応も書面の作成も方針の決定もと

りあえず自分一人で自信を持って（揉めずに）処理できる事件を作るということです。

あなた自身で完結できる事件ができたとき、ようやくあなたは事務所の戦力としての第一歩を踏み出すことになり、ボスや先輩の見方も変わるのです。筆者の場合は（国選刑事事件を除くと）交通事故事件がそうでした。尋問期日だけはかなり後までボスと一緒に担当していましたが、それも登録後2年経った頃からようやく完全に自分だけで交通事故事件の処理ができるようになりました。そのときの開放感と新たに感じるようになった重圧感は今も忘れられません。

TIPS

ボスの助けを必要とする地位に甘んじる人と抜け出そうとする人がいる。

第2章　さあ！　ボスから仕事がきたぞ　　121

14 「教えてもらう」より「盗め」

1　仕事を「盗む」ことの大切さ

　新人に自信を失わせる要因はいろいろありますが、おそらく「未知の苦境やリスクに対処した経験がないことから来る自信のなさや不安」は上位にランクインするはずです。そうしたノウハウは、普通、自分自身の手痛いミスを犯すことで痛みを感じながら体得していくものなので、ボスや先輩であってもなかなか積極的には披瀝してはくれません。その反面、安易に「ミスを恐れずに経験を積もう」といえないところが法律家の仕事のつらいところです。既に広く受け入れられている方法を無視して一から取り組むことの非効率・不合理に警鐘を鳴らす「車輪を再発明するな」という言葉は、法律実務でもそのまま当てはまります。新人弁護士にとって、ボスや先輩、仕事で関わる弁護士から、そうした教えてもらいにくいノウハウをいかに盗んで学び取るかが非常に重要です。

2　どうやって「盗む」か

　まずは、ボスや先輩と積極的にコミュニケーションを取りましょう。相手に興味を持ち、質問をすることで知識や経験を引き出すことができます。特に、苦境に立たされた際のボスや先輩の対応・振る舞い方は、あなたが待ちの姿勢でいる限り目にする機会は少ないでしょう。教えてもらえないからこそ、積極的に「盗む」のだという視点を持つ必要があります。ノウハウは盗んでも減らないという良さがあります。盗み尽くしましょう。

　他の弁護士と協働する機会を積極的に持つことも有用です。与えられた自分の仕事をしているだけでは、他の人の判断や危機対応を目にすることはできません。ボスや先輩の受任事件について手伝いを申し出るほ

か、事務所外の弁護士との共同受任案件を作ることも有用です。

　また、フィードバックを受けることの重要性も認識しましょう。あなたの仕事について、ボスや先輩に積極的に評価を尋ねてみましょう。自分の起案や尋問、依頼者対応の評価を求めるだけでなく、失敗した際、考えられる原因は何かを尋ねてみましょう。**法律家は他人の評価にさらされ慣れていないため**、これもそれなりに痛みを伴いますが、手痛い失敗をすることそのものに比べればどうということはありません。成長のための貴重な情報源と考え、批判的なフィードバックも受け入れ、自分の改善点を見つけるチャンスと捉えましょう。

　そして、他の弁護士との信頼関係構築を意識しましょう。協力的な態度で働くことで、他の弁護士のノウハウをより多く得ることができます。

▶TIPS

「盗む」ためには相手の懐に飛び込む必要がある。

Column **2**
「ボスの言うことが変わる」問題

　「報告・連絡・相談を尽くして処理したのに、後でボスの言うことが変わった」という経験をしたイソ弁は多いはずです。自ら指示をしたボスが「いったいなんでこんなことになってるの？」と問いかけてくる、その奇妙な現象の原因はどこにあるのでしょうか。

　そもそもの情報共有が十分でなかったということがまず考えられます。あなたが与えた情報やボスの評価・判断の前提条件が足りていなかったのだとすれば、あなたにも反省の余地があります。さほどの根拠なく「重要ではない」あるいは「できればこれは伏せておきたい」と考えて遮断した情報がなかったかをもう一度思い返してみてください。他には、「ボス自身が過去の指示を忘れている」あるいは「ボスが指示をテキトーにしていたところ想定外の経過を辿った」というケースもあります。あなたが「報告・連絡・相談を尽くしたのに」と理不尽さを感じるケースの多くは、むしろこちらでしょう。特に後者では、ボスはどさくさに紛れて本来自分が負うべき荷物をあなたのカゴに投げ入れている分、より悪質です。

　「そんなボスのいる事務所など辞めてしまえばいい」と言えるほど簡単な問題ではありません。だからこそこの問題は根が深く、また時代を問わず若手弁護士を悩ませているのです。ここでは、身動きの取りづらい新人弁護士なりに予防法と対処法を覚え、実践してみることが必要です。まず**報告・連絡・相談を口頭ではなくできる限り客観化する**ことです。業務上のメールは全てボスをCCとし、指示を仰ぐ際の連絡やそれを受けた際の確認もメールその他のWEBサービスで打ち返して記録化するとよいでしょう。そして、ボスの供述の変遷が生じたときは、それらを提示して**相談済みであったことを指摘する**のです（ここで激高するようなボスがいる事務所は翌月にでも辞めた方が良い事務所です）。そして最後に最も重要なこと、それは**事務局スタッフを味方につける**ことです。

第3章

依頼がないと始まらない！営業活動きほんのき

いずれはあなたも仕事を獲ってくるのだ

1　事務所やボスがあなたに望む営業の姿勢は？

　今は新人として事務所から与えられた仕事をこなしている勤務弁護士であっても、いつかは自分で集客を行わなければなりません。ボスや事務所の名前・ブランドではなくあなた個人の信用や実績を築き、それを好意的に受け止めてくれる顧客の信頼を獲得できるようにならねばなりません。

　ここでしばしば問題となるのが、事務所やボスとあなたとの営業・集客方針の衝突です。

2　営業・集客方針の衝突とは？

　普通、ボスは事務所の経営に当たり、売上げを確保し、持続可能な法律業務を行うことを第一に考えています。これは、弁護士や事務職員を抱え、その家族にも一定の責任を負っているボスとしては自然な姿勢です。

　当然、ボスは勤務弁護士であるあなたにも集客の期待を抱くわけですが、それは多くの場合、あなた個人に利益をもたらす形ではなく、事務所全体の売上げに何らかの形で貢献すること、少なくとも事務所の売上げと対立しない形であることが前提となっています。

　あなたが自分の顧客開拓にばかり熱心になり、事務所への貢献が二の次、三の次になってしまうという事態は、あなたの採用や育成、教育にコストをかけているボスとしては正直、歓迎しにくいことでしょう。とはいえ、独立するしないにかかわらず、あなたとしては自分の顧客を開拓していかねばなりません。

　こうしたジレンマを解決するためには、本来、事務所と勤務弁護士の

相互理解が必要なのですが、残念ながら、ボスと勤務弁護士とでは経験、資力、発言力のすべてで格差がありますし、古来、ボスとイソ弁の関係はそのようにフレキシブルな形にはできていません。

そのため、「事務所は勤務弁護士の個人的な成長と発展をサポートし、勤務弁護士は事務所の利益とビジョンを理解し、バランスを保つ」というわけにはなかなかいかないのです。

3　イソ弁のあなたができること

では、勤務弁護士がボスや事務所の方針と衝突せずに、若手のうちから顧客層を開拓するためにはどうしたらよいのでしょうか。ここではいくつかの工夫やコツをご紹介します。

① 事務所事件の顧客のニーズに沿った業務を

事務所事件であっても、依頼人は直接担当するあなたの働きをきちんと見ています。あなたはそのニーズを深く理解し、的確に対応し、それを積み重ねることが重要です。依頼人の抱える利害関係や要望をきちんと理解し、また問い合わせには迅速に対応しましょう。これにより、依頼人もあなたを好意的に評価してくれるようになるはずです。特に、あなたが主担当として処理に当たっている案件については、あなたが最も事案の情報と依頼人のニーズを正しく捉えられる地位にいるというアドバンテージがあります。

また、あなたが仕事の品質と効率性を追求して事件に取り組むことで、あなたの仕事に対する評価は依頼人を通じて広まるので、あなた自身の新たな顧客の獲得に繋がることになります。

事務所事件の依頼人＝ボスの顧客だという固定観念は捨てましょう。あなたが主任として担当している**事務所事件の依頼人は、潜在的なあなたの顧客である**と考えて対応したいものです。

② 専門性を高める

特定の分野や業務において専門性を高めることは、あなた自身の価値

第3章　依頼がないと始まらない！　営業活動きほんのき　　127

を高める上で重要です。継続的な学習や専門知識の習得に取り組み、他の弁護士や顧客から頼りにされる存在になることを目指しましょう。

弁護士以外に、業務や人脈の幅を拡げられるような他資格取得を目指すというのも一つの考え方です。

それまで事務所に蓄積されていない分野・領域の仕事のノウハウをあなた自身が身につけることは、事務所内で地位を築くにせよ独立するにせよ、あなたにとっていずれ大きな武器になるはずです。

③ ネットワーキングの活用

弁護士業界や関連する業界でのネットワーキングは重要です。セミナーやイベントへの参加、専門グループへの参加など、他の弁護士・専門家や顧客との繋がりを拡げることで、新たなビジネスチャンスを見つけることができます。

そうした活動を通じて、あなた自身のブランディングにも力を入れましょう。自身の専門性や経験を積極的にアピールすることで、顧客の目に留まる機会を増やすことができます。

こうした活動に用いるツール、媒体としては、専門的な事件を対象とした研修・講演の担当や研究会・勉強会等への参加、SNSの活用など種々のものが考えられます。そのうちいずれをどのように用いるかは、ボス・事務所のスタンスと大きく乖離・矛盾しないかという点の他、あなた自身の目指すブランディングの方向性（堅く売りたいのか、それともアクセスのハードルを下げる方針を採りたいのかなど）、得手不得手、強み・弱みと相談して決めるとよいでしょう。

これらの工夫やコツは、直接的な個人事件の営業活動や受任・処理とは異なるアプローチであるため、新人のあなたでも、ボスの経営方針や顧客層と衝突しない形で採れる方法はいくらでもあります。

4　自分のファンを作っていく

弁護士としての業務に習熟してきたら、次はいよいよあなたのファンを作っていくべき段階になります。事務所に籍を置き続けるにせよ、独

立するにせよ、弁護士業務を続けていく上で「自分に信頼を寄せてくれる依頼人・顧客」は不可欠です。いつまでもボスや先輩の名前で仕事をしていくわけにはいきません。

　もっとも、事務所という一つの組織に所属して弁護士業務を行う以上、事務所の利益にもきちんと配慮できなければなりません。あなたが自分の利益ばかりを優先し、事務所内での立ち位置をわきまえない振る舞いをするようになれば、依頼者の信頼と引換えに事務所やボス・スタッフからの信頼を失ってしまうことになるでしょう。

> TIPS
>
> 弁護士にとって最も身近な利益相反は依頼人との間ではなく、ボスとイソ弁の間に存在する。

どういう弁護士が依頼人にとって好ましい？

1　依頼人の求める弁護士像をつかもう

　弁護士もサービス業である以上、顧客である依頼人のニーズを正しく捉える必要があります。ところが、我々は、自分では常にそう務めているつもりでも、知らず知らずのうちに依頼人の求めるものを疎かにしてしまい、それが原因で依頼人との間に溝が生じることもしばしばです。それはなぜでしょうか。

　依頼人の事情や状況は常に個別的なものなので、我々も、それらの背景や目標を踏まえ、個々のケースに適応したサービスを提供できなければなりません。ところが、我々法律家の仕事は、同時に、過去の処理事例や運用、判例・裁判例をもとに解決への道筋を立てるという抽象化・一般化のプロセスが必ずあり、その両者を上手く調和させつつ事件処理を進める必要があります。

　また、弁護士は法的・専門知識を持つことが求められますが、それだけを重視しすぎると、個々の依頼人の抱いている思いや要望を見逃すおそれがあります。そうした要素は、判決を得るためには不要でも、依頼人との信頼関係を維持し、事件を解決するためには必要なことも多いものです。

　弁護士は法的なプロフェッショナルであると同時に、クライアントにとって信頼できるパートナーであるべきで、そのために依頼人が我々をどう見ているかを正しく捉えなければならないのです。

2　依頼人にとって好ましい弁護士とは？

　依頼人にとって好ましい弁護士とは何かを、依頼人のニーズという視点から考えてみたいと思います。また、併せて経験が乏しい新人の弁護

士でもできそうな努力や工夫についても考えてみましょう。

① コミュニケーション能力を備えている

　依頼人と密接に連携し、その要求や懸念を理解するには、一定程度のコミュニケーション能力は不可欠です。

　もっとも、ここでいうコミュニケーション能力は多義的です。

　相互に伝えたい内容を正しく伝えられ、受け止められるというだけでなく、依頼人から見てコミュニケーションのハードルが高すぎないという点も求められます。また、質問や要望に対して早いレスポンスが得られるかという点も含まれます。

　こうした意味での良好なコミュニケーションが行われない場合、弁護士にとっても、依頼人の不利な事情も含めた正確な事件の背景が把握できない、依頼人に事案のリスクやコストが正しく認識されないという問題が生じます。これらは信頼関係の破壊に繋がることもしばしばです。

　このコミュニケーション能力は個人的な差異が大きいと思われますが、新人弁護士は、依頼人やボス・先輩に積極的に質問をする、状況を明確に聴取する・伝えるなどの努力を行うことで、コミュニケーション能力を向上させることができます。

② 真摯な姿勢と情熱を持っている

　自分の持ち込んだ相談・依頼に対して、親身になって自分のために精一杯の努力をして解決してくれる。これは、すべての依頼人が弁護士に求めることであり、そこには新人・ベテランの区別はありません。

　ところが、この点は実は知識と経験が乏しい新人弁護士がボスや先輩に勝てるほとんど唯一の要素であり、また依頼人に提示できる数少ないアピールポイントでもあります。依頼人に対する真摯な姿勢と事件解決に向けた少し愚直と思われるぐらいの情熱を身につけましょう。

　逆に言うと、新人のうちから変に達観したり、依頼人の利益に対して冷静・冷徹に捉えすぎたりする姿勢は、依頼人の心離れを加速させるだけです。

③ 説明がわかりやすい

　法律は専門的な手続や用語が多いと、依頼人にとっては理解しづらいものです。そうした難解な法律の専門知識をかみ砕いてわかりやすく説明し、透明性を持って情報を提供することができる弁護士は、依頼人にも好意的に受け止められるでしょう。逆に、わかりにくい説明や難解な用語を使用された依頼人は、弁護士が自分の利益や立場に配慮してくれていないという印象を強くしてしまいます。

　逆に相応の理解力を備えている依頼人にとっては、冗長すぎる説明をまどろっこしく不快に感じるということもあります。話の流れ一つ取っても、結論から始めた方がよいのか、経緯から始めた方がよいのかは、相手と内容によって変わります。

　特に新人のうちは、依頼人それぞれの性格や理解力、説明の伝わりやすさを十分に把握できていないことが多いので、法律用語や専門的な言葉をできるだけ避け、かつ、相手の理解力をその表情や言動から読み取りつつ、説明を詳しくしたり簡略化したりできるように意識してみましょう。

　また、口頭での説明は慣れないうちはまとまりよく話すことが難しく、後から確認することも難しくなるので、メールやFAXなど文書の形での回答を積極的に選択するとよいでしょう。

④ 調査・準備と研鑽を厭わない

　依頼人は専門職である弁護士に対して、自分の依頼案件について十分に調査と準備を尽くし、また日々生まれる新たな知見についても身につけて、考え得る最善の結果をもたらしてくれるものと期待しています。

　実際、このような依頼人の期待に100％応えられる案件ばかりとは限らないのですが、これも時間とバイタリティに溢れた新人がその能力を発揮しやすいニーズの一つです。

　幸い、IT化とAI技術を含む情報検索の高度化によって、我々は正しい方法を選択し、十分な時間と手間をかけることで、調べるべき文献、当たるべき情報に比較的簡単にアクセスできるようになりました。新人

弁護士であっても、依頼人の相談に対して、十分な準備を行い、最新の法律動向や裁判例等を追いかけることで、依頼人の問題に対して適時に適切なアドバイスや戦略を提供することができます。

　以上の努力は、新人弁護士でも、工夫次第で実践できるものです。経験が乏しい分、学ぶ意欲や成長への意識を持ちながら、依頼人の期待に応えるための努力を続けることが大切です。

TIPS
「弁護士費用が不当に高くない」も重要なニーズである。

3 営業チャネルを どんどん増やそう

1 新人の営業チャネルの増やし方

　新人弁護士が営業チャネルを構築するきっかけとなる方法は、以下のようなものがあります。

① リピーター（再依頼）

　過去の処理事件の依頼人からの再依頼は、弁護士にとって最も重視すべき営業チャネルです。

　一般に、集客を行う事業において、リピーターは収益を安定させ、かつマーケティングのコストを削減できるというメリットが指摘されますが、法律事務に関していえば、弁護士、依頼人ともに相手の素性やスキル・考え方、スタンスを理解できているという点、そして**口コミで他の依頼人を連れてきてくれる可能性が高まる**という点が特に重要です。

　同じ依頼人が二度三度と離婚事件を依頼してくるということは少ないかもしれませんが、あなたが十分信頼するに足る弁護士であると理解してもらうことができたならば、自分に何か別の法的な問題が生じたときや、知り合いに弁護士を必要とする事態が生じたときなどに、再びあなたに声をかけてくれるようになるでしょう。

　顧客との信頼関係を築き、満足度の高いサービスを提供することで、リピーターを獲得することができます。新人弁護士は、真摯な姿勢で依頼人と向き合い、問題解決に尽力することで、リピーターを増やすことを意識しましょう。

② 法律相談

　法律相談を通じて新たなクライアントを獲得することもあります。公的な相談機関や法律事務所の無料相談サービスなどを活用し、法律に関

する疑問や問題を持つ人々に対して、専門的なアドバイスを提供することになります。こうした場での好印象や信頼を築くことで、将来的な依頼の可能性を広げることができます（この点は、拙著『新版　若手法律家のための法律相談入門』学陽書房、2022年で詳しく紹介しています）。

③ 講演・執筆活動

　自身の専門知識や経験を生かして、講演や執筆活動に積極的に参加することも営業チャネルの一つです。セミナー・研修会での講演や、法律関連の記事の執筆に携わることで、専門家としての知名度や信頼性を高めることができます。参加者や読者からの興味や関心を引き、依頼や紹介の機会を生み出すことが期待できます。

　ただ、こうした活動での露出を増やすためには、あなた自身にそのテーマ・分野について他人に語れる何物かが備わっていなければなりません。通常、講演や執筆（寄稿の依頼など）は、自ら申し出るものではなく、求められて応じるということの方が圧倒的に多いからです。そうした背景がない状態でいきなり講演や執筆の活動をしようとしても、ハードルが高く、また思ったような効果を上げることも難しいでしょう。

　まずは、新人のうちから純粋に自分の興味の持てる分野について、事件処理の経験を積み、また業界での研究会に所属するなどして、知識と経験を積み増していくのが、遠回りに思えても確実です。

④ 同業者・他士業からの紹介

　他の弁護士や関連する業界の専門家、以前に依頼を受けたクライアントからの紹介も重要な営業チャネルです。

　通常、紹介者が自分に相談に来た依頼人や顧客をあなたに紹介するという場面で、紹介者はあなたのスキルや仕事に取り組む姿勢、特定分野の知識・経験について信頼していることを前提としています。誰しも、**自分を頼ってきた人に、わざわざ問題のある専門家を紹介しようなどとは思わない**からです。

　そのため、紹介を受けるあなたの側にとっても、依頼人側にとっても、紹介者である同業者・他士業を介している分、人格やスキルについて一

第3章　依頼がないと始まらない！　営業活動きほんのき　135

定の安心感があり、信頼関係も築きやすいという期待があります。

　もっとも、これも当然ながら、あなたの仕事ぶりや性格、価値判断、スキルについて紹介者となる同業者や他士業からある程度好意的な評価が得られていることが前提となります。少なくとも、あなたのことを全く知らない人からは、こうした事件の紹介が来ることはないでしょう。

⑤ 弁護士会の会務（委員会）活動

　最近は、弁護士業務への寄与が乏しく、時間と手間ばかりがかかるなどとして会務活動への消極的な評価の声も聞かれますが、意味があるかないかは会務活動に何をどのような形で求めるかという問題に帰着するように思われます。

　確かに、会務活動そのものが個別的・直接的な事件の受任に繋がる場面は少ないと思いますが、弁護士会の活動に参加し、委員会の一員として関わることで、他の弁護士との交流や協力関係を築き、それらの同業者からの紹介や依頼の機会を得ることに繋がることがあります。また、委員会活動を通じて、専門分野の知識やスキルを磨くこともできます。

　他にも、会の受託業務や公的職務への推薦などでは、所管する委員会の推薦委員にとってあなたの素性が理解されているか否かは非常に重要です。

2　リピーターがつかないときは？

　以上のチャネルの中で最も重視すべきは、リピーターからの依頼であると書きました。これは、リピーターが弁護士業務や個別の事件処理の上で有益であるというに止まらず、リピーターの依頼があることで、あなた自身の事件処理が依頼人にとって好ましいものであったかを推し量るバロメーターになるからです。

　逆に言えば、リピーターがつかない場合は、自身の事件処理に何らかの問題があるのではないかと疑ってみるべきです。

　クライアントが再依頼を選ばない理由は様々ですが、例えばコミュニケーション不足や満足度の低いサービス、適切なアドバイスの欠如など

が考えられます。新人弁護士は特に、自身の能力と経験に自己評価を正しく反映させながら、継続的なスキル向上とクライアント満足度の向上に努めることが重要です。

　もし、リピーターがつかない場合、ボスや先輩にその考えられる原因を積極的に尋ねてみるとよいでしょう。事件処理のスピードや説明の口ぶり、仕事の成果の見せ方など、何かしらの問題点を指摘してくれるかもしれません。あなたより弁護士歴が長い分、あなたの仕事ぶりや依頼人対応については相応に客観的、シビアに見てくれていることが多く、自分一人でああだこうだと想像を巡らせるよりは的確な答えが期待できます。

　また、思い切って依頼人にもあなたの事件処理に対する良かった点、不満点などを聞いてみるのもよいでしょう。不満点は面と向かっては言いにくいものですが、**「良かった点」として挙げられなかった部分があなたの改善すべき部分**だと考えられます。

> TIPS
>
> 売り方を考えるには自分の強みを知るのも有効で、それはリピーターに尋ねるのが確実である。

第3章　依頼がないと始まらない！　営業活動きほんのき　　137

Column 3

ボスとイソ弁は一蓮托生

　その事件の処理を実際に担当するのが誰かに関係なく、**所属弁護士全員の氏名が列記された委任状**を取り付ける事務所というのは少なくないようです。例えば、所属弁護士８人全員の名前が書かれていても、実際にその中で処理に当たるのは２〜３人のことが多く、依頼人もその実働者以外の弁護士には会ったことも話したこともないというのが普通でしょう。

　では、もしその事件の処理で何か問題が起こった場合、責任はどこまで波及するのでしょうか。近時の裁判例では、たとえ**名目的な共同受任者であっても弁護士相互に監督義務を負う**とする考え方が一般的です。つまり「自分は実際には担当していなかったから」という理由での免責は認められないということです。依頼人の側は、誰が処理していたかで賠償請求を向ける先を取捨選択するという発想を普通はしませんから、名目的に共同受任となっていた弁護士も実働者とともに矢面に立たされることになります。

　ボスがイソ弁のミスの監督責任を負うのは理解できますが、イソ弁も、自分が全く関与せず、情報も与えられていなかった事務所事件（ボスの事件）の過誤の責任を負わされるリスクがあるのです。普通、イソ弁はボスに「関係ない事件の委任状に自分の名前を記載しないで」とは言えないので、これは深刻な問題です。そうした理由から、私自身は、共同事務所であっても**実働しない者まで列記した委任状を用いるべきではない**と考えており、同じ理由から、他の弁護士から頼まれて**数を頼みとするような名目的な共同受任**に応じるのも大きなリスクがあると感じています。

　自分の関与しない、全くコントロールしようのない事件についてまで連名の委任状が作られているのであれば、イソ弁としても早めに身の振り方を考える方がよいのかもしれません。

事務所内の振る舞いで存在感を発揮する

1 指導を「受ける側」にもコツがある

　新人弁護士がボスや先輩から指導を受ける際、押さえておきたいコツはいろいろあります。ここでは特に重要と思われる3つを挙げておきます。

1　徹頭徹尾、謙虚な姿勢で

　新人として、まだ知識や経験が乏しいことを認識し、謙虚な姿勢を持つことが重要です。ボスや先輩からもらう指導やアドバイスに対して素直に耳を傾け、学ぶ姿勢を持ちましょう。

　自分に足りない部分を自覚させられることは痛みや不快感を伴うことも多いものですが、自分の未熟さに気づき、成長するための貴重な機会と捉えることが大切です。また、ボスや先輩からのフィードバックは、あなたが成長するための貴重な情報源です。感謝しつつポジティブな姿勢で受け入れましょう。「そのような指示は受けていません」「教えてもらっていません」という態度を居丈高に打ち出すのは考えものです。

2　積極的に質問しよう

　指導する側は知識と経験がある分、あなたが何がわからず立ち止まっているのかがわからないということがあります。趣旨がわからない手続、疑問に思ったことがらなどがあれば、積極的にボスや先輩に質問してみましょう。

　自分でも何がわからないのかがわからないというのは、これまたよくある場面ですが、まずはそのこと自体をボスや先輩に伝えるよう努力してみましょう。その場しのぎでのわかったふり、理解できたふりは、の

ちのち大きなミスや情報・認識の共有を阻害することに繋がってしまいます。

ただし、自分で調べればわかる基礎的なこと、ボスや先輩自身も誰かに聞かないと答えられないことがらなどは、必ず自分で調べましょう。ボスや先輩はあなたが割り当てられた調査の下働きのためにいるのではありませんし、そうした姿勢ではいつまで経っても自分で調べて事件処理を前に進める自走力も身につきません。

3　とにかくメモをとる癖を身につけよう

自分の記憶力を当てにしすぎないことです。日々の事件処理の中では、聞いたときには記憶できるだろうと考えた簡単な指示や説明が、2〜3時間後に思い返すと全く思い出せないということもあります。また、「指示したことが改善されていない」というのは、指導する側の意欲や信頼を大きく損ないます。自分のやりやすい方法で、指示内容や指導されたことを記録化し、備忘と注意喚起を行えるような姿勢をできるだけ早く身につけましょう。

> TIPS
>
> アドバイスを素直に受け入れ改善することが成長に繋がるのは、受験勉強でも実務家の研鑽でも全く同じである。

正しい質問の仕方とはどんなもの?

1　ボスや先輩を困らせる質問

① 極めて初歩的な事項の質問

　質問があまりにも基本的であり、簡単に自分で調べられる内容である場合、相手は質問を受けること自体をストレスに感じてしまいます。

② 主体性がない質問

　質問する際には、自分自身で考え、主体的な姿勢を持つことが大切です。そうした主体性がない質問、例えば「自分はこのように考えている」という自分の意見やスタンスが見えない、問題の丸投げのような質問は、それを受ける側にとって避けたいものの一つでしょう。

③ 与えたアドバイスを無視する質問

　アドバイスや指示を受けた後は、真剣に受け止め、実行することが重要ですが、助言したことを相手に軽視されたり、無視されてしまうと、ボスや先輩はひどく落胆し、徒労感を味わうでしょう。

2　質問上手になろう

　先輩やボスに質問するときに心に留めたい点を挙げます。

① 前もってしっかり準備する

　質問する前に、必ずあなたの手の届く情報や資料についてはきちんと調べておきましょう。質問をしたところ、「○○はどうなっている?」「××は調べた?」といわれてから調べるのでは遅すぎるということです。

② 的確で明確な質問を

あなたの質問が冗長で回りくどかったり、曖昧で抽象的、過度に広範であったりすると、ボスや先輩はすぐにいらだちを見せ始めます。あなたの目からは優雅で鷹揚に仕事をしているように見えても、ボスや先輩は普通あなたより忙しいからです。問いかけは具体的・端的に、また、具体的な問題点や解決策について尋ねる聞き方を心がけましょう。

そのために、あなたは、予め答えてもらいたい内容も想定した上で、聞き方を組み立てておく必要があります。質問の前提となる事実がやや複雑な場合などは、メールや簡単なペーパーに事実経過を簡単にまとめ、それを提示して質問する方が無為なやりとりを避けられます。

③ 丁寧な姿勢・態度で臨むこと

質問をするときはボスや先輩に敬意を持ち、礼儀正しく接しましょう。質問が雑ぱくであったり、自分で行うべき判断を丸投げしてきているのだと感じたりした瞬間、ボスや先輩のあなたに対する評価は一段下がってしまいます。また、わからないことを必要以上に恥じることはありませんが、かといってわからないことを誇るのは筋が違います。

④ 繰り返し同じ質問をしない

同じ質問を繰り返すことはやめましょう。ボスや先輩は、前に答えた内容はすっかり忘れていても、あなたが同じ質問を前にもしてきたという事実はなぜか忘れないものです。指導やアドバイスを受ける場面と同様、一度した質問の答えはメモ、備忘録に残すなどしておきましょう。

> **TIPS**
>
> ボス・先輩への質問を首尾よく行うには、相手の業務の繁閑や喜怒哀楽の精神状態も見極め、タイミングを計る必要がある。

第4章 事務所内の振る舞いで存在感を発揮する

３ ボス弁・先輩弁護士に起案を見てもらうときの心配り

1　起案を見てもらうときに気をつけたいこと

　ここまで触れてきた新人弁護士が指導を受けたり質問をしたりする際の留意点は、新人の社会人が上司や先輩に接するときの心構えとそう変わるものではありません。
　ここではさらに、法律実務で非常に重要な、起案のレビューを受ける際の注意点についても触れておきます。

2　一応の完成形を出すこと

　ボスや先輩に提出するドラフトは、**一応の完成形**である必要があります。
　未完成なものや分析・方向性が中途半端な状態のものでは、結局完成させた後に余分に起案のレビューが必要になり、二度手間、三度手間になってロスが大きくなるからです。
　また、あなたも資格を有する法律家となっているのですから、とりあえず、（内容にはまだ不十分な点があるにしても）自分の力できちんと**一つの完結した書面**という形でドラフトを提示できなければなりません。
　不明確・曖昧な部分やブランクを残すのではなく、**少なくとも自分がそのまま提出しても問題ないと考える最高の状態のもの**を用意し、ボスや先輩に提示しましょう。

3　自分の作成した書面の評価を恐れずに聞こう

　フィードバックや評価を恐れずに、自分の作成した書面について率直な意見を聞いてみましょう。単にボスや先輩に朱入れされた部分を言わ

れるままに修正するだけでは、あなたの作成したドラフトの何が問題だったのかがわかりません。

　一度起案にレビューを受けたあなたとしては、次に同じ起案をしたときには、ボスや先輩から修正指示を受けた内容を最初からクリアしたものを自分だけの力で作成できるようにならねばなりません。

　そうなるためには、できるだけボスや先輩から、あなたの起案に対し具体的なアドバイスを引き出して自分の中で咀嚼し、身につけておくことが必要です。

　「表現が回りくどい」「証拠の引用が足りない」「不必要な記載が多い」「表現が言葉足らずである」「表現が統一されていない」「誤字・計算間違いが多い」など、具体的な指摘をできるだけ多く受け取れるように、あなたの側からも意見を求めてみるとよいでしょう。

　ボスや先輩によっては、具体的に尋ねても、「迫力がない」「説得力がない」「センスがない」といったレベルの、抽象的で観念的な（ほとんど役に立ちそうにない）アドバイスしかしてくれないこともあるかもしれません。

　そうした場合でも、何かしら内容のブラッシュアップに繋がる具体的な改善方法はあるはずですから、逆に「どの部分の記載にどういった問題があるか」「どのように直したらよいか」を具体的に問いかけてみましょう。

　それでも明示的・明確な改善のアドバイスが得られない場合には、やや遠回りになってしまいますが、ボスや先輩が普段書いている起案を読んで分析する、ボス以外の弁護士に読んでもらって意見をもらうなどの方法をとり、自分だけであれやこれやと頭を悩ませる状態からとりあえず一歩脱してみるべきです。

4　指摘された事項の反映をきちんと行う

　指導や質問の留意点と重なる部分ですが、上司や先輩から指摘された事項は、改定の際に漏らさずに反映させましょう。

　起案の講評は、ドラフトを読んで評価し、事実や証拠との対応を確認

する作業が必要となる分、ボスや先輩の側にも大きな時間的負担がかかります。

そのため、指摘された事項ができるだけ少ない指摘できちんと反映・改善されることが求められます。

理想としては、起案のレビューは初校と、それに対するボス・先輩の指示を受け改定した再校の二度でクリアし、提出作業に進むという形を目指したいところです。

5 方向性に迷うときは口頭で議論を

ボスや先輩に確認してもらう起案は一応の完成形でなければならないと書きましたが、これは起案のドラフトを確認・検討してもらう際の話です。一方、起案する過程で方向性や主張の組み立て方、表現の仕方に悩む際には、ボスや先輩とそれらの点について議論してみるのもよいでしょう。

特に、法律構成や主張する損害の算定方法、提出する証拠の取捨選択といった攻撃防御方法の大枠にも関係する重要な事項については、そのような議論による意見の集約と統合は重要です。

ある程度ボスや先輩とあなたとの間でそうした方向性について視点や目線の擦り合わせができていないと、起案を完成させた後に、その全部ないし多くの部分をリライトしないといけなくなってしまうというおそれがあります。こうした無駄な作業を繰り返していると、書面を定められた提出期限までに提出することも難しくなってしまいます。

そのため、起案に取りかかる場面や、起案を進めている段階でそうした方向性に迷うときは、むしろ積極的にボスや先輩と方針の協議を行って、路線を修正しつつ進める方がよいでしょう。

起案の怖いところは、（誰がドラフトを書いたかにかかわらず）起案者以外にも責任を生じさせることがあるというところです。作成名義が連名であるか否かにかかわらず、共同受任者となった弁護士には書面上の事実誤認や不穏当な表現によるペナルティが等しく生じることになります。

146

とはいえ、自分一人で作成した起案は、客観性がなく心許ないものです。それだけに、起案に寄せられるボスや先輩の意見は重要で大切なのです。読んで指摘をするというのもそれはそれで面倒なものなので、駆け出しのうちはありがたく聴いておくことにしましょう。

TIPS

ボスや先輩は比較的気軽に書面のリライトを指示する。この場合、イソ弁の第1稿完成までの努力はさほど考慮されない。

その〆切は誰のもの？

1 新人弁護士の〆切は早い

　弁護士は常に時間に追われていますが、新人弁護士の場合、その時間的制約は弁護士一般におけるよりもかなりタイトになります。

　その原因は、仕事に不慣れであるために普通よりも処理に時間がかかるから、というだけではありません。新人弁護士に与えられた検討や起案の時間は、独力で業務を処理している弁護士が使える時間よりも短いからです。

　例えば、何かの意見書や準備書面を作成する場合でも、新人弁護士であるあなたが作成した書面が、誤字・脱字チェックだけでそのまま事務所の外に出ていくということはありません。必ず、ボスや先輩のチェックを経て、発出されることになるはずです。とはいえ、不慣れなあなたが担当する書面であっても、通常、そのことだけで提出期限が長く取られたり、クオリティの要求度合いが下げられたりするわけではありません。

　結局、ボスや先輩が内容を確認し、必要な加除修正を行う時間分だけ、あなたが使える時間は削られることになります（それでも、多くの場合、提出期限の遵守やそれに向けたボス・先輩への働きかけはあなたの責任で行う必要があるのですから、イソ弁というのは本当に過酷なお仕事です）。

　しばしば、ボスや先輩から「提出期限当日にこんなもの（第1稿）を持ってこられても困る」という苦言が呈されますが、あなたの仕事ぶりが世間一般の弁護士の水準の95％を上回っているのでもない限り、こうした物言いは実にもっともなのです。

　あなたとしては、対外的な〆切とともに、それよりもずっと早く到来する自分にとっての〆切を常に意識し、それに向けた仕事の組み立てを

しなければなりません。

2　時間的制約への向き合い方

　過酷な時間的制約に対峙する新人弁護士のあなたに、私自身の経験を
もとに上手く取り組むヒントをいくつか提示してみたいと思います。

① 早め早めに前倒しで処理をする

　とにかく、自分で思っているよりも早め早めの着手、進捗を心がける
ことです。私と同じように「**それができれば世話はない**」と感じる方は
多いでしょうが、これこそ有限の時間に追われる社会人にとっての最適
解です。例えば、訴訟事件ではある程度決まった間隔で期日が到来する
ので、代理人として対応すべき起案や証拠作成、期日出廷などの予定も
予め立てやすいはずです。

　ところが、弁護士業務全体を俯瞰してみると、そうした規則的な業務
の均質性は失われ、数時間や数日といった極めて短い時間で処理すべき
業務が突発的に持ち上がるということは決して珍しくありません。特に、
自分で事件受任をコントロールできない新人の間は、手持ちの業務が、
予め予測した順番で、予測した時間内に形良く進むという流れを期待し
にくい状況にあります。

　午後5時半を回って、「さて来週までの起案をするぞ」と考えつつトイ
レから戻ってきたところで、明朝10時までの意見書ドラフト作成がボ
スから降ってくるということは、古来、法曹界のそこかしこで繰り返さ
れてきた普遍的な情景なのです。

　特にそうした調査や簡単な（とはいえあなたにとっては容易とは言い
がたい）書面作成の業務は、立場の高いところから低いところへ流れや
すいものですので、結局、あなたの仕事はあなたの考えたスケジュール
通りには進まないことになってしまいます。これはあなたの仕事の効率
が悪く処理がまずいからではなく、あなたが新人だからです。

　こうした理不尽に打ち勝つためには、あなたとしては、**できるだけ手
元にあるタスクを早め早めに、前倒しで処理していく**しかありません。

第4章　事務所内の振る舞いで存在感を発揮する　　149

自分が集中して処理に当たった場合に要する時間の1.5倍程度の時間が
かかるものと考えて予定を組むのが賢明でしょう。

② タイムブロッキングの導入

　もう一つ、何かヒントを捻り出すとすれば、あなたの業務処理に**タイ
ムブロッキングの考え方や視点**を取り入れてみることです。実務知識の
習得・定着に追われているあなたにとっては、あまり耳慣れない言葉か
もしれません。これは、一種の時間管理の手法ですが、個々の作業をひ
とまとまりの時間の固まり（ブロック）に割り当てることで効率的に事
件処理を行おうとするものです。例えば、A、B、C……といったいく
つかのタスクが手元にある場合に、すべてを同時並行的に、あるいは処
理するタスクを細かく切り換えながら処理したのでは、そのたびに記憶
喚起が必要になりますし、処理の効率化、集中力の向上といった効果も
限定的になってしまいます。ところが、忙しい中で様々なタスクに追わ
れる状況に慣れてしまうと、こうしたハードディスクのフラグメントの
ような状態になりがちです。人は、その時々で気になる（気の向く）業
務に手を付けて処理をしがちですが、これでは、業務処理として極めて
非効率的ですし、**すべての業務の完了がまんべんなく遅延する**結果にも
なります。

　そこで、手持ちの複数の業務を処理する際に、予め、それぞれの業務
を行うタイムブロックを明確に意識し、それぞれに割り当て、それに従っ
て個別にまとまりを持った処理を進めるのです。

　ここでの要諦は、タイムブロックへの割り当ては仕事の内容とあなた
の能力をもとに最適な形を考えて行うこと、個々のブロックでは割り当
て業務を集中的にこなすこと、そして、その割り当てられた業務以外
のタスクはそのブロックでは手を付けないことです。

　例えば、ある週の火曜日、水曜日、木曜日に依頼人に書面のドラフト
を提示する期限が到来し、しかも金曜日午後に証拠調べ期日が設定され
ているとします。月曜日のあなたはタイムブロッキングの考え方に基づ
いて、起案3つと尋問準備をどの順番で、いつ取り組むかを決めること
になります。普通に考えると、月曜日、火曜日、水曜日と、それぞれ翌

日に期限が到来する起案に着手し、木曜日の夜〜金曜日の午前中に尋問準備を行うという形になりそうです。

　もっとも、起案の順番はそれぞれのウエイトや内容によります。火曜日、木曜日期限の起案が軽く、水曜日期限の起案がボスのレビューを経る必要があるというケースでは、必ずしも火・水・木の順番にこなす必要はなく、水曜日期限の起案を月曜日午後に着手して先にボスに回し、その上で、火曜日の午前に同日期限の起案を行って依頼人に送ることも考えるべきです。また、金曜日午後の尋問も、争点や証拠構造が複雑であれば、起案を前倒しで済ませ、木曜日午後から集中して準備に当たる必要があるかもしれません。

　このタイムブロッキングでタスクを処理する間も、あなた宛の電話やメールには対応しなければなりません。ただ、そのタイムブロックで処理する必要のない作業については、後ろ倒しにし、可能な限り集中して個々のタスクに取り組むことが肝要です。

TIPS

「ボスや先輩が起案をなかなか見てくれなかった」という抗弁は、常に主張自体失当として処理される。

5 チームを組んで動くときは

1 大切なのは役割分担の視点

あなたもそのうち、ボスや先輩からの指示で動くのではなく、他のスタッフや事務所外の同業者とチームを組んで仕事をすることになるでしょう。最初の頃は他の弁護士を前に萎縮してしまうかもしれませんし、自分が役に立てることなど何もないと感じてしまうかもしれません。そうしたときに、あなたができることを考えてみましょう。

① 雑事を買って出よう

知識と経験で後れを取るあなたが自信をもって提供できるもの、それはあなたの時間と労力です。参加したチームで、自分が周りよりも力や経験が不足していると感じるのなら、まずはチーム内の雑事を買って出ましょう。メンバー間での予定調整の取りまとめ、会議の議事録メモの作成、情報共有の調整、条件交渉を伴わない事実や意思の確認作業、簡単な書面のドラフトや計算書・一覧表の作成など、そうしたタスクは意外と多いものです。これらは「雑事」と捉えられることが多いのですが、全体の意思決定や他者との協議・交渉、主張・立証作業と並んで、チーム運営に欠かせない重要性を持っています。チーム・組織では役割分担の視点が重要で、特にチームの人員の知識や経験に照らして得意不得意が分かれるケースでは、経済学でいうところの「比較優位」の考え方も大切です。

例えば、同じチームに属する先輩が起案を2時間、議事録作成を30分でこなすところ、あなたは起案には5時間、議事録作成に1時間かかってしまうとします。つまり、起案も議事録作成も先輩の方があなたより早く処理できるので（これは「先輩は起案も議事録作成もあなたに対して絶対優位にある」といいます）、すべてのタスクを先輩が行った方が

優位なようにも思えます。

　ところが起案の所要時間を見てみると、先輩は議事録作成の４倍の時間でこなす一方、あなたは５倍の時間がかかります。議事録作成に着目すると、先輩は起案の４分の１の時間がかかるものの、あなたは起案の５分の１の時間で処理できることがわかります。これは「先輩は起案に比較優位があり、あなたは議事録作成に比較優位がある」と表現することになります。相互に得意・不得意が分かれる場合、先輩とあなたのどちらか一方がすべてのタスクについて比較優位を持つということはあり得ません。そして、同じチームでこうした状況がある場合、先輩は起案に、あなたは議事録作成にと、それぞれ得意なタスクに注力することで、それぞれが単独ですべてのタスクをこなすよりも効率的な結果が得られることになります。

　そうしてチーム内での貢献度を高めつつ、知識と経験を積み増しながら少しずつ自分のできる作業を増やしていけばよいのです。若いうちは、雑事を買い占めるくらいの気概が欲しいものです。

② 確認と報告・連絡・相談を密に

　チームで動く際にも、事務所内での業務と同様（⇨28頁）、確認と進捗状況の報告、連絡、相談（報連相）が重要です。特に、チームの人数が多くなってくると、誰が何をどこまで担当・処理するかの認識が曖昧になりがちです。複数人のタスクが重複すると混乱、無駄が生じますし、「自分以外の誰かがやってくれると思っていた」となると処理が停滞します。特に新人のうちは、自分がどこまで任せられているのかがわかりにくく、また忙しい先輩にいちいち確認するのも気後れしてしまうということは多いでしょう。

　そうした場合には、協議・打合せの度ごとに議事メモを作成し、自分を含めた各人の処理すべきタスクを明記し、確認と記録化を行うのが有効です。これで漏れている・不足がある場合には指摘してもらうことが期待できます。

　また、あなたが処理している作業・タスクについてもできる限り逐一、報告と連絡を行い、処理に迷う場合は相談を行う姿勢が大切です。正直

なところ、リーダーや先輩の側としては些事に至るまで逐一報告や伺いが来るのは煩わしいものですが、全く情報共有のないまま処理が勝手に進められるのは大きなリスクです。慣れないうちは、何をどの程度まで聞けば良いか、どのようなスパンとタイミングで報告すればよいかの判断がつきにくいのは当たり前ですから、できるだけこまめに動き、処理を進める中で「ちょうどいい報連相の感覚」を養っていくしかありません。

2　自分の考えを言葉にするときは

　自分がチームに起用されたのはなぜだろうかと考えてみてください。自分に対してどのようなニーズが向けられているかを知ることは重要です。

　若手特有の機動力が必要だという考えも当然あるでしょう。高度な戦略の立案や判断力は期待しがたいとしても、あなたがその比較優位を活かしてチーム運営に貢献することを期待されるのは至極合理的な発想です。

　とはいえ、**完全な指示待ち人間では処理を頼む方も心許ない**ところですし、ある程度の自走力を持って自律的に処理に当たってくれることをリーダーや先輩も期待しているとみるべきです。

　あなたとしては、単に言われたこと、指示されたことを淡々とこなすだけではなく、なぜそのような処理を行う必要があるのかをきちんと考え、あなたの意見も積極的に述べてみましょう。「チームの末端」だという意識があるとそうした主体的な当事者意識を持ちにくくなってしまい、単に目の前のタスクをこなすだけになり、成長は遠のいてしまいます。

　ただ、ここで重要なのが、「**意見は言えばよいというものではない**」ということです。ここを勘違いしてしまうと皆が不幸になります。

　あなたが述べる意見や手法が、チームが予め設定した方針と矛盾したり、大きく対立するものであったりすると、リーダーや先輩は、あなたを説得し、チームの考え方に沿わせるために労力を割かなければならな

くなります。もちろん、リーダーや先輩としては、全体の方向性を定め、自分たちの知識や経験をもとにチームの意思統一を図って処理を行うべき立場にありますから、必要な範囲で、メンバーに説明をし、その理解を得るよう努力することでしょう。ただ、処理を進めるに際して、常にそうした作業を強いられることは、チーム全体の処理の停滞を招きますし、一向に意思統一が図られない状態はチームの存在意義自体も失わせてしまいます。そもそも、チームがあなたに何を求め期待しているかにもよるのですが、普通、あなたが起用されたチームはあなたを成長させ、納得させるために存在しているわけではありません。

　言いたいことを言った結果、次には声が掛からなくなるという事態は避けたいものです。

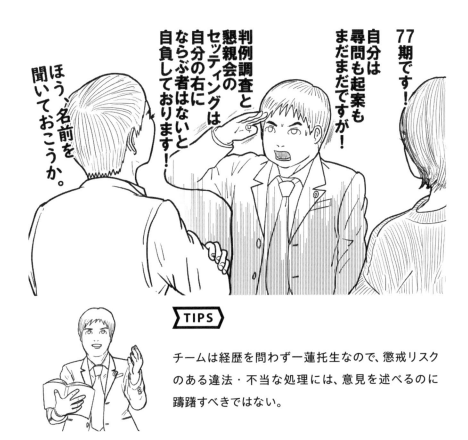

TIPS

チームは経歴を問わず一蓮托生なので、懲戒リスクのある違法・不当な処理には、意見を述べるのに躊躇すべきではない。

第4章　事務所内の振る舞いで存在感を発揮する　155

Column **4**

事務局スタッフとの衝突の思い出

　事務局スタッフとの関係に悩む新人弁護士は少なくありません。共に法律事務という名の車の両輪として処理に当たる弁護士と事務局スタッフですが、両者の間には弁護士が事務局スタッフを指導・指揮するという関係もあります。もっとも、こうした理屈だけではなかなかうまく回らない難しさがあります。

　2003年の秋、24歳で実務に放り出された私は、新人なりに「自分には法律知識と能力がある」という自負とともに、イソ弁として執務を開始するわけですが、半年も経たないうちに人生で初めての大きな問題に直面することになりました。

　私の指示や説明がぞんざいで、担当の事務局スタッフを立腹させてしまい職場の雰囲気が著しく悪くなってしまったのです。きっかけはふとした一言だったのですが、それまでに蓄積したものが大きかったのでしょう。それからというもの、その事務局スタッフは指示や報告についても終始必要最小限の素っ気ない態度で、身から出た錆とはいえ、毎日精神をスプーンで削り取られるような日々が続きました。そうした状況が1週間ほど続いたでしょうか。結局、私が担当の事務局スタッフに謝罪したことで、関係が修復され、ようやく平穏な生活を取り戻すことができました。

　この私の拙い経験から学びとってもらいたいことは、**共に働く相手に対する少しの敬意・想像力**、そして**謝ることの大切さ**の二つです。若くして合格した人ほど、自信の裏返しが一緒に働く誰かに対する思いやりのなさに繋がることがあります。大切な知識やノウハウの多くは辛い経験によって得られるものであり、私も、当時の出来事は自分の姿勢を見直す貴重な経験になったと感じていますが、予め回避できるのであればそれに越したことはありません。私の経験が皆さんの役に立てば幸いです。

第5章

事務所外の関係者からも信頼されよう

1 裁判所のルールを踏まえて接しよう

1 裁判所で出会う人々

　訴訟事件・非訟事件では、裁判所スタッフと接することになります。裁判所で接する職員の方には、裁判官の他、裁判所書記官、裁判所事務官、また入庁検査や庁内の清掃を行っている方々など、様々な職種の人がいます。

2 どのように接するか

　敬意を持って丁寧に相手に接するというのは人間関係の基本ですから、裁判官であれ、書記官であれ、また庁内で作業に当たっている職員の方であれ、言葉遣いや身だしなみをきちんと整えて接したいものです。

　稀に、裁判官に対しては丁寧な物言いをしながら、担当の書記官や事務官の方へは横柄で愛想のない言動に変わる人がいます。これはどうしたことでしょうか。弁護士の中には、自分が同じ法曹として裁判官と同列にあると感じるからか、裁判官の指揮を受ける書記官や事務官をあたかも自分より下の立場にあると考える人がいるようです（これは新人、ベテランを問いません）。もっとも、弁護士と書記官や事務官との間には上下関係はありませんから、これは明らかな思い違いです。

　私は非常勤裁判官として裁判所内で働いたことがありますが、そのとき、裁判所が民事や刑事、部・係、職位という枠組みを超えた有機的な組織であり、内部での情報の伝達速度が速いことに驚かされました。定期的に行われる人事異動の効果も手伝って、裁判所というクラウドの中では良い評判も悪い評判もしっかりと共有されています。しかも、裁判所と当事者との関係は個々の事件に限った断片的・限定的な接触なので、そこで一度固まってしまった評判は長い間固定されてしまう傾向があり

ます。書記官や事務官、庁内作業の方に横柄な振る舞いをすることは絶対にやめましょう。

また、「敬意を持って丁寧に接する」ということは、何も言動に限られません。お互いに相手の仕事の内容を理解し、想像力を働かせ、時には必要な配慮を行うべき場合があるということです。

例えば、期日調整の連絡が来たとき、あなたが直ちに返さずに1日、2日と回答を遅らせることで、裁判所も相手方も無為に仮予定の維持を強いられることになります。

また、定められた書面の提出期限に遅れることで、書記官は督促の連絡という決して愉快でない余分な作業を強いられることにもなります。特に破産手続の財産状況報告書など、あなたが提出したものを期日までに担当書記官がチェックしなければならない事件などでは、担当書記官に与える負担はより大きくなります。

あなたが報告書と認否表を出すのを遅らせてしまったばかりに、本来必要のない残業を強いられ、保育園の迎えに間に合わない不幸な書記官と可哀想な子供を生むことになるかもしれません。

また、何でもかんでも裁判所に電話をかけて問い合わせるのも考えものです。たとえ丁寧な口調と申し訳なさそうな態度を駆使しても、自分で調べれば簡単にわかることを裁判所に尋ねるのは避けるべきです。あなたの重要度の低い質問に書記官や事務官が対応している間、本来なすべき作業の手が止まり、裁判所にも他の事件関係者にも負担のしわ寄せが行くことになります。「不勉強で申し訳ないのですが」とさえ言えば何でも許されるわけではないので、自信がないことを売りにするような態度は早めに卒業しましょう。

3　ルールで気をつけたいところ

意識しておくべきいくつかのルールにも触れておかねばなりません。

裁判所に手続や審理の方針などについて問い合わせた際に、誰しも「実際には、申立て（請求）があってからの個別の判断になりますので……」という何とも煮え切らない回答に物足りなさを感じたことがある

はずです。ですが、裁判所は、仮定的な質問については、裁判官であっても書記官・事務官であっても答えられないということは知っておきましょう。

　「こうした申立てをした場合、認められそうか」「この点を認めてもらうためにはどういった主張・証拠が必要か」などの質問を投げかけても、個々の事案ごとの判断になるため、確定的なことが言えずに回答できないということはよくあります。

　また、形式的なことになりますが、裁判所の庁舎内では許可を得ずに行う録音や録画・写真撮影は認められません（⇨101頁。近時も法廷で許可なく行われた録音やネット配信が問題となったケースがあったのは記憶に新しいところです）。期日進行でどうしても必要だという場合でない限り、法廷や裁判所の準備室、廊下にあるコンセントを勝手に使用して充電することも認められていません。

　裁判所内には傘や旗、のぼり、プラカードを持ち込んだり、はちまき、ゼッケン、腕章等を着用して入ることも認められていません（これは法廷内に限られません）。弁護士の場合によく問題となるのが傘ですが、これは凶器になり得るものですので、自他の安全のために、入庁の際は庁舎の入口の傘立てに差しておきましょう。

4　マナーで気をつけたいところ

　事件を当事者名で把握・認識する弁護士と違って、裁判所は事件を専用のシステムで管理しているため、事件番号で個々の事件を認識・特定しています。裁判所に電話をしたり、窓口に出頭したりする際には、必ず事件番号と担当書記官名、自分の立場（いずれの当事者の代理人かなど）をすぐに伝えられる状態にしておきましょう。パソコンのデータ上もフォルダに事件番号を入れておくと参照しやすく便利です。

　また、ご承知のように、裁判所の昼休みは短く、45分しかありません。かといって、その時間以外に食事に出られるわけではないので、この昼の45分は職員の方にとっては死活問題というほどではないにせよ、やはり貴重な時間です。昼休みも部や係には誰かしらがいて、かかってきた

160

電話や来庁者には応対せざるを得ません。

　よほど特殊な事情や高度の必要性がないかぎり、**昼の間（12時15分〜13時）に裁判所に電話をかけるのはできるだけ控えましょう**。

5　適度の距離感を

　以上のことは裁判所やその職員との関係で常に弁護士や当事者の側が平身低頭しなければならないということを意味しません。

　判断を求める側と判断する側とで協調すべき場面もあれば、対立しなければならない場面もあるでしょう。当事者や代理人としては、必要とあれば裁判官や書記官と意見を戦わせ、対立することを躊躇するべきではありません。もっとも、そうしたせめぎ合いも礼を失さず正々堂々と行えばよい話であって、不必要に攻撃的・威嚇的な態度は慎まねばならないということです。

> TIPS
>
> 裁判所は異動のため担当書記官がしょっちゅう変わる印象があるが、きちんと情報を更新しておこう。

事件の相手方とは自覚的に距離をとる

1　あなたと相手方との関係はどのようなものか

　依頼人との接し方については既に触れましたが（⇒54頁）、それとは異なる工夫と配慮が必要なのが相手方との接し方です。

　事件処理をしていると、事件の相手方に代理人が就いておらず、あなたが直接交渉や折衝に当たらなければならない場面があります。

　そうしたときに、法律家としてどのように接するべきか、またその際に注意すべき点は何かという点は押さえておく必要があります。一口に相手方といっても、あなたやあなたの依頼人に好意的な人もいれば、敵意を隠そうとしない人もいるかもしれません。そうした場合に、対応を誤ると思わぬ深みにはまることになりかねません。

2　感情的にならず、冷静な態度で

　事件で対立する立場にある相手方は、どちらかというとあなたやその依頼人に好意的でない姿勢・態度であることの方が多いはずです。

　中にはあなたの対応を不穏当な表現でなじり、しきりに揚げ足をとって攻撃的に接してくる人もいるかもしれません。

　ですが、そうした場合にもあなたとしては法律実務家としての品位を失わず、冷静に対応できなければなりません。その上で、必要な事実を指摘し、法的な評価を説明して、事案を解決に導かねばなりません。これは考えてみれば不愉快な話ではあります。

　つい言い返したくなるひどい言葉を投げかけられたときにも、あなたが同じレベルでとげとげしい表現で打ち返すことは基本的に許されていません。あなたには懲戒を受けるかもしれないというリスクがありますし、事件処理を破綻させて依頼人の利益をないがしろにしてしまうわけ

にもいかないからです。

　要するに話の通じにくい相手方との間では、法律家はややハンディを背負った状態から交渉をスタートさせなければならない不利な地位にあるということです。

　時折、自分のことを棚に上げて「それでも法律家か」「それでも試験に受かっているのか」といった解決に何の役にも立たない罵倒の言葉を浴びせられるかもしれません。そうしたときには一呼吸して、自分が試験にきちんと受かり資格を得た法律家であることを思い出してください。それが答えです（ただしそれをわざわざ相手方に伝えるには及びません）。

　法律家は「粛々と進める」という言葉を好んでよく使いますが、まさにここで求められているのも、そうした**「雑音に心を乱されず解決に向けて着実に歩を進める」**対応なのです。そのためには相手方との殴り合いは必要ありません。

　もっともこれは、相手方の理不尽な対応にただひたすら耐えなければならないという意味ではありません（長い法律家生活ではそうしたケースもたまにあるかもしれませんがレアケースです）。

　そもそもあなた自身は、（依頼人と異なり）直接相手方から攻撃されるべき立場にないはずですし、不合理な物言いを繰り返す相手方との間でも何かしら、打開の途が残されているはずです。

　多くの場合、それは直接の交渉を一定程度で切り上げて、後は法的手続（調停や訴訟）に委ねるという選択であることが多いでしょう（ゼロ回答で相手方の訴訟提起を待つという対応もこれに含まれます）。

3　敵であるという意識を持つこと

　しばしば、対立する立場にあるにもかかわらず、あなたに対して親しみをもって接してくる相手方もいます。

　自分の法的知識のなさに対する不安と、あなたに対する「よもや弁護士が自分にあくどい対応をすることはないだろう」という手放しの信頼がそうさせるケースが多いわけですが、あなた自身はむしろ警戒を強めた方がよいでしょう。このとき、相手方はあなたをあたかも自分の依頼

第5章　事務所外の関係者からも信頼されよう　　163

した法律家であるかのように見ており、それは交渉の中で対立する者同士に求められる交渉上の信頼関係とはかなり異質なものです。

時にこうした相手方の信頼を前に、自分の依頼人の側に有利な形で交渉をまとめたくなる誘惑に駆られるかもしれません。もっとも、そこには本来の正常な対立関係・交渉関係がないわけですから、そうした誘導の仕方は、「相手方の無知に乗じてその利益を不当に害する解決を図った」と評価されるおそれがあります。後になって、別の専門家が見たときに首を傾げるような調整の仕方は避けなければなりません。

もちろん、法的紛争というのは、そもそも事案におけるそれぞれの立場も証拠関係も平等ではありませんし、代理人を選任するかしないかの選択も自由です。つまり、厳密な意味での「武器対等」は保障されていないわけですが、そこでも相手の無知や無理解に乗じて事を不当に有利に進めるわけにはいきません。

こうしたケースでは依頼人があなたに相手の利益を大きく損ねるような解決をするよう求めることがあるかもしれませんが、そのような強引な処理でリスクを負うのは専門家であるあなたであって、依頼人ではありません。

一方、親切心に駆られて、過度に相手に入れ込みすぎると、逆に依頼人から不公正な処理であると反発されることになるでしょう。**代理人である以上、常にどちらを向いて仕事する必要があるかはきちんと意識しておかねばなりません。**

結局、相手方があなたに過剰な信頼を寄せるケースでは、あなたが自覚的に距離をとらない限り、そうでないケースよりもあなたが依頼人と相手方との板挟みになりやすくなるということです。

そうした相手方に対しては、自ら距離を保つ必要性を意識し、かつ相手方にも「自分はあなたと対立する立場の依頼人の代理人であって、あなたの代理人ではない」ということを明確に伝え、線を引かせる努力が必要です。「私はあなたの相手方であって、あなたに有利なこと、依頼人に不利なことは言えないので、あなたも代理人を選任してはどうか」と勧めることも一考の余地があります。

4 特に忘れないでおきたいこと

　最後にさらに重要なポイントをいくつか挙げておきます。

　依頼人、相談者に接する場合と同様ですが、**相手方本人との折衝・協議は常にすべての会話が録音されているかもしれないという意識を持っておきましょう**。これは法律家として他に影響を及ぼす発言をする場合には常に心掛けておくべきことです。

　また、もう一つ、あなたの仕事上のパートナー、特に事務局スタッフや後輩弁護士などが理不尽な攻撃の対象になったときには、あなたが身を挺して危険から遠ざけ、毅然とした対応で相手方に接しなければなりません。この場合は、相手方の言動の非を指摘することに全く躊躇する必要はありません。

TIPS

依頼人から「あなたはどちらの味方なのか」と言われるとき、処理と説明のどちらかあるいは両方に失敗している。

信頼関係を築ける相手方代理人であるか？

1　相手方と相手方代理人の違い

　相手方との関係（⇨162頁）とこれまた似て非なるものが相手方代理人との関係です。

　同じ専門家同士ということで、（完全に同じではないにせよ）ある程度共通する価値観の下、同じ土俵の上で話し合いができるという安心感があるところからのスタートとなります。意思疎通の難しい相手方との交渉が暗礁に乗り上げて難渋していたところ、相手方に代理人が就いたときに感じる安堵も根っこはここにあります。

　かように我々法律家は、理解困難な相手方の主張よりも、手強いけれども趣旨の理解できる相手方代理人の主張の方を歓迎する気風があります。

　また、同じ専門家ですから、相手方本人に対するときと異なり「勝っても負けても恨みっこなし」という共通認識が普通はあります。このように、相手方代理人との関係は、法律家にとって、相手方本人に対するときほどには気を遣わなくても良いという安心感・気安さがありますが、ここでもやはり気をつけておきたいことがあります。

2　正々堂々と紳士的に殴り合う

　代理人同士では、面識のあるなしにかかわらず、ある程度の共通する価値観があると書きましたが、これはお互いにそうした価値観に沿った処理を求められるということでもあります。

　例えば、相手方代理人が、それまでの交渉で積み上げてきた前提と全く異なる手の平返しをしたとき、どう思うでしょうか。また、提示された一定のラインを前提に依頼人をどうにか説得したところ、さらに上乗

せの譲歩を求められたとしたらどうでしょうか。

　いずれの場合も、あなたとしては、そのような相手方代理人は信用できず、交渉を続けるだけの信頼関係を作ることも難しいと感じるでしょう。これはあなたの側がそのような対応をとった場合も同様です。主張書面等で不必要な攻撃的文言を記載したために懲戒されるという事象も、古来よりよく見られるパターンです。

　より具体的な攻撃防御の場面ではどうでしょうか。基本的には、代理人同士であれば、経験や知識、能力の差はあったとしても、そこで生じる利益、不利益は代理人やその者を選んだ依頼人の責任として吸収されてしまいます。**判例や実務処理に疎く、それを努力で補うこともできない代理人が相手方に一方的に打ちのめされるのは、本来想定されている紛争の姿**です。

　とはいえ、代理人同士の関係においても、フェアでないとしてアウトと判断されるラインはあります。例えば、交通事故賠償など損害賠償請求の事案で、被害者側代理人が、損益相殺の対象となる既払金の存在を知りながらそれを主張・指摘しないというケースでは、積極的な欺罔行為があったわけではありませんが、被害者側代理人が責任を問われたケースがあります。

　また、相手方代理人との関係では、その背後にその依頼人である相手方がいるということに想像力を働かせるべき場合も多いでしょう。通常、真っ当に仕事をしている代理人であれば、交渉の成立のために、相手方を説得し、その100の要求を80や70位までに引き下げさせているはずです。このとき、相手方とその代理人との間で、どんなやりとりがなされているのかはわかりませんが、いずれにせよ、そうした相手方代理人の努力に泥を塗るような対応をして得られるものはありません。

　準備書面で殊更に相手方代理人の主張や対応の不備を指摘するなど、**相手方代理人とその依頼人との分断を図ろうとする対応は悪手の典型**です。それで得られるものは全くないので、どうしてもやるのであれば、裁判所の悪心証を受け入れ、相手方やその代理人との信頼関係形成を放棄し、かつ不当な主張であるとして懲戒される覚悟で行うべきです。

　では、相手方代理人が明らかにミスを犯しており、そのために相手方

第5章　事務所外の関係者からも信頼されよう　　167

に不利に、あなたの依頼人に想定外に有利な結果が生じようとしている場面ではどのように対応すべきでしょうか。例えば、結審間際なのに相手方が証拠から窺われる損害額を明らかに主張から落としているといった場合です（こうしたケースでも、裁判官は指摘しないことが多いでしょう）。

　原則からすると、依頼人の不利益になってしまうので、こちらから損害を落としていることをわざわざ指摘する必要はないということになりそうです。遅延損害金の計算ミスや大量の領収証の2つ、3つが抜け落ちている程度であれば騒ぐほどのことでもないのかもしれません。

　もっとも、それが相手方の本来の損害全体の2～3割を占める重要な見落としであった場合で、かつあなただけがそれに気付いていたというケースはどうでしょうか。適正な賠償という見地からはやや問題がありますし、相手方代理人が判決後に気付いて控訴することになるかもしれません。

　それによってあなたの依頼人にどの程度の不利益が生じるかは考えておくべきですが、このような局面で代理人としてどのように対応するのが正しいかは、人によっても考え方が異なるかもしれません。

3　本当に信頼関係を築けるか見極める

　以上は、**まともな価値観と職業意識、倫理観を併せ持った代理人**を想定した話です。もっとも、世の中には常に例外があり、対峙する相手方代理人の中にはあなたの想像を軽く凌駕するエキセントリックで風変わりな専門家もいるかもしれません。

　まるで交渉においても一方的な主張から一切の譲歩を見せようとしない、過度に攻撃的で感情的な主張を繰り返してくる、法理論や裁判例に照らすと荒唐無稽とも言える主張に拘泥し争点整理もままならない、証拠の評価が極めて独特・独善的といったように、そのパターンは実に豊富です。相手方代理人にそうした行動をとらせる原因がどこにあるのかは見極める努力をすべきです。

　もしかしたら、腹の内では「落ち着きどころ」を見据えつつ依頼人の

手前、あえてそう振る舞っているというケースもあり、その場合に話し合いによる穏当な着地点を見出せるかどうかは、話の持って行き方次第というところです（裁判所の和解案など、中立な解決案の提示が望まれます）。

　一方、代理人自身の思考や価値観が原因となっているケースも多く、そうした事案では、交渉・協調による解決にこだわりすぎると無為に時間を浪費するだけということがほとんどです。

　そうしたケースでは、あなたの側は相手方代理人につけいる隙を与えないよう、攻撃的・感情的な主張や、争点と関連の薄い雑音的な主張からは一歩引きつつ、判決による解決を模索するなどの大胆な切り換えが必要になることが多いでしょう。「話せばわかる」とは限らないのが法的紛争です。

　相手方依頼人がまともな相手方代理人と信頼関係を築こうとしないのはそれ自体残念なことですが、そもそも信頼関係形成のための共通の地盤がない相手方代理人と同じレベルでこちらが悪戦苦闘することはもっと残念なことだと知るべきです。

> TIPS
>
> 困難な相手方代理人と二度当たることはそうそうないというのは、法曹人口増の数少ない正の側面である。

4 弁護士は弁護士会なしでは存在できない

1 強制加入団体である

　人は、入会しようとする弁護士会を経て日弁連に登録の請求をし、弁護士名簿に登録されなければ弁護士になれません（弁護士法8条、9条）。人が土から離れては生きられないように、弁護士は弁護士会から離れては存在できないのです。強制加入団体であることから、いろいろな思想やスタンス、スタイルの会員の存在が予定されている弁護士会ですが、かといってその個々のアイデンティティに配慮した運営が必ずしもなされないというのはこれまた組織というものの避けようのない性のようなものです。そこは弁護士法改正を目指すより、**自分の中での線の引き方、つきあい方をきちんと知っておく**方が前向きで発展的であるように思います。

　さて、そうした正義と少しの不自由を日々謳歌している弁護士ですが、所属弁護士会との関係をどのように保っていけばよいのか、これは私が新人の頃に知っておきたかった知識の上位10位にランクインします。

2 弁護士会との接し方

　若手か中堅かベテランかを問わず、弁護士会という組織を前にしたときにどのような捉え方、受け止め方をするかは人によって随分違います。大きく分けると弁護士や弁護士会が社会で果たすべき役割を見据え、**会務に積極的に身を投じる人**と、自身の業務をまず第一に考え、義務研修や会費支払いといったどうしようもないものを除いては**弁護士会とはできる限り距離を置こうと考える人**とがいます。こうした姿勢は、基本的人権を擁護し、社会正義を実現することを使命とするという弁護士の使命（弁護士法1条）の受け止め方と似ている部分があります。

そうした個々のスタイルは別にして、私が訴えたいのは、**弁護士会との良好な関係を築いておくことで得られるものの大きさ**です。

3　良好な関係を築くことで得られるもの

我々は普段、業務を行う上で、様々な場面で弁護士会とかかわりを持ちます。「弁護士会」という組織の中にいるのは役員（会長や副会長）や職員の方、種々の委員会等の構成メンバー（委員長や座長、委員、部会員など）であり、また、会館を維持・管理してくれるスタッフの人であったりします。そうした生身の人々と良好な関係を築いておくというのは、我々が裁判所や検察庁、その他の役所と接する場面と変わるところがありません。つい「高い会費を支払っている」「入りたくはないけど、法律上仕方なく入っている」「自分の仕事も忙しいのに」という思いから、弁護士会の役員や職員の方に対して非友好的、非理性的な対応をとってしまったり、必要以上に距離をとったりする会員がいるのは残念なことです。

弁護士会と良好なかかわりを持っておくべき理由はいくつかあります。

まず、最も重要なのが**業務に役立つ様々な情報を得られやすくなる**ということです。

弁護士会は、会務や研修、会の内外を対象とした事業によって、種々の情報が集まる場所です。例えば、23条照会の担当部署（委員会や審査室形式をとっているところが多いでしょう）では、どのような照会でいかなる回答（情報）が得られるのか、また、どのような場合には回答が拒否されてしまうのかといった最新の情報が日々蓄積されていきます。また、裁判所や検察庁との協議・懇談を通じて、それら他庁の動向や最新の問題意識にも触れることができます。そのような情報は、基本的に裁判所や検察庁から個々の会員に直接伝達されることはなく、多くの場合弁護士会に一旦集約されます。もちろん会員宛のアナウンスも適宜されるのですが、メールやレターケースに入る書面を受け取るだけで得られる情報にはやはり限りがあります。

「事件処理が忙しくてほとんど会務はできていない」と聞くと、私は

忙しくて羨ましいなと思う反面、それが若手の方であれば「実にもったいない」とも感じてしまいます。若手の方は、登録後最初の10年間に、将来自分がどのような法領域、業務分野に進みたいかを模索し続けることがとても大切だと感じるのですが、事務所で割り振られた事件を処理しているだけではこれができません。弁護士会を介した人の繋がりを保つことで、自分自身にとっても、新たな業務分野や問題意識に関する情報を得やすくなるものです。特に、他会の動向やそこで活躍している同業者と繋がるのは、自分の進みたい分野を広げるには大きな刺激やきっかけになります。そして、そのためには弁護士会の活動が実に手っ取り早く、また効果的です。

あなたを雇用しているボスの立場からすると**「会務なんかに時間を使うより事務所事件に注力して欲しい」**という思いが必ずありますが、これはあなたにとっては、事務所のために自分の将来性や展開可能性を犠牲にしている面も否定できません。

他の会員の情報を知る上でも弁護士会は有用です。会務に携わる会員や職員の方と親しくなることで、他の会員の人となりや得意分野などを知ることが容易になります。弁護士の問題行動や業務上の非行の情報は、特に同じ会に所属する会員にとって重要になりますが、そうした情報が真っ先に集まるのは弁護士会です。自分の事務所やごく近くの繋がりだけで仕事をしていると、価値観や業務上の当不当の線の引き方が歪に固定化されてしまい、思わぬ過誤を犯してしまうおそれもあります（非行に走る弁護士の多くに孤立の傾向が強いことが指摘されています）。

また、弁護士会とのかかわりを増やすことで、**弁護士業界の中での自分の居場所を得やすくなる**ということもいえます。

これだけ弁護士の数が増えると、事務所の中に閉じこもっているだけでは、いつまで経っても「○○事務所にいる、名前は見たことあるけど何やっているかよくわからない若い先生」という評価から抜け出すのは難しいでしょう。自分をよく知っている同業者の繋がりから来る業務は、内容的にも収益的にも重要ですが、それを得るためにはまず**あなたがどんな人間かを同業者に知ってもらう**必要があります。

そして今の時代にあっても、会務に熱心に取り組んでいるということ

を好意的に見る弁護士というのは一定数います。これは、会務をせずに自分の業務だけに注力している会員に対して冷ややかな眼を向ける人たちが少なくないことを意味します。もちろん、**会務活動で本業に支障を来すようであっては本末転倒ですが**、弁護士会の業務・事業中に「誰かがやらなければならない仕事」が多くある中で、その負担をシェアしているか、単にフリーライドしているかというのはそれなりに大きな違いです。できれば若手のうちに「バランス良く会務に取り組む姿勢」を身につけておきたいところです。

> **TIPS**
>
> 報道される弁護士の不祥事を、所属会は大体1年前には把握している。

第 5 章　事務所外の関係者からも信頼されよう　　173

外部との日程調整では細心の注意を払う

1 極めて優先度の高い業務、それが日程調整

　打合せや期日指定など、依頼人・関係者との間、共同受任している同業者、あるいは裁判所や事件の相手方との間で日程を合わせる必要のある場面は多いものです。ごく単純な作業と侮るなかれ、**日程調整は、重要度も優先度も極めて高いタスク**です。

　以下では、新人弁護士の第一歩として、身につけておくべき点を記載しておきます。

2 迅速性を重視する

　まず第一に、日程調整の対応は迅速に行わねばならないということです。与えられた候補日について、あなたが回答をするまでの間、相手方や裁判所、依頼人・相談者は共有された候補日を仮予定のまま維持し続けなければならなくなります。これは何としても避けなければなりません。

　特に、関係者が多くなる**裁判所からの期日調整連絡については、遅くとも半日程度で返す**よう心掛けたいものです。

3 候補日の設定の仕方

　また、全員の回答が揃うまで日程が確定できず、仮予定を維持し続けなければならないという点から、自分が先んじて回答を返す場合にも気をつけたい点があります。

　それが、**空いている日時を候補日で埋め尽くさない**ということです。候補日をたくさん返したところ、誰かが返事を遅らせていると、その間

あなたは他の予定を入れることができず、身動きがとれなくなってしまいます。**気前良く候補日を指定しすぎると自分の首を絞めることになる**のです。

弁護士業務は常に複数の案件が同時に進行していることが多く、しかもそこに、想定しなかった突発的な相談や依頼が舞い込み、処理の順序を変えてでも急に対応しなければならなくなるということも珍しくありません。

そうした事態に対応できなくなるような形の期日や日程の調整をしてはならないということです。

たとえあなたの手帳が2週間先まで真っ白であったとしても、そのすべての空隙を候補日で埋め尽くすなどといった無謀な仮予定の設定をしてはなりません。新人だからといって、他の人よりも候補日を多く提供できなければならないわけではありません。また、裁判所の期日調整だからといって可能な日時すべてを提供しなければならないなどという決まりもありません。

必ず急に持ち上がる相談・タスクを入れられるだけの余裕をもって候補日を設定し、返答するようにしましょう。

突発的に舞い込む事件・タスクの依頼人・相談者が「午後しか時間がとれない」「特定の曜日しか相談に行けない」といった事態も想定されますが、そのとき、あなたの予定で午後やその曜日がずっと埋まっていると対応ができません。

一定期間中の同じ時間帯や同じ曜日がすべて仮予定で埋まっているといった形になることは避けるべきでしょう。仮予定の設定はある程度、不規則な形でしておくべきです。

4　候補日調整のヒント

若手のあなたが円滑かつ効率的に期日調整を行うためのいくつかのヒントを提示しておきます。

2〜3人の少人数の調整の場合には、メールやFAXで調整を行うことが多くなるでしょう。このとき、先輩や自分よりも交渉力・立場の強

第5章　事務所外の関係者からも信頼されよう　175

い相手方など、相手の予定を優先すべき関係において、候補日を誰が提示するかは考えどころです。

　あなたの調整の自由度が高い状況であれば、相手にお願いして都合の良い日時を２、３、提示してもらうのがよいでしょう。ただし、相手の提示した候補日がすべて差し支えであった場合には、必ずあなたの側でいくつか代替の候補日を逆に提案するべきです。日程調整はクイズではありませんから、「当たり」が出るまで相手にひたすら答えさせるというのはいかにも失礼です。

　逆に、あなたの側が相手よりも業務が立て込んでいて調整の幅が少ないときは、あなたの側で３、４件程度の候補日時を挙げ、「以下の日時がいずれも差し支えの場合は、再度調整いたします」と書き添えて、相手に提示するとよいでしょう。ここでも、気前良く候補日を設定しすぎると困ることになるので注意が必要です。

　５、６人以上の関係者での期日調整の場合には、特に裁判所など候補日を提示する立場・役割の者が決まっているのでない限り、できるだけ率先してあなたが日程調整に動くとよいでしょう（新人のうちは、自分が自信を持ってできる作業を進んで行うことで、他の面での経験・知識不足を補うことができますし、心理的にも気後れせずに済みます）。

　この場合、メールのやりとりでは複数人の都合の調整が難しくなり、調整の誤りの素にもなりますから、さっさとWEBサービスによる調整ツールを使用すべきです。複数人が○×△を入力して日程調整できる「調整さん」「伝助」「ちょー助」などは弁護士業務でも日程調整によく使われ、非常に便利です。

　ただ、最初の候補日時の設定が若干面倒なので、そこであなたの出番です。自分で設定することで、自分の都合の悪い日時は予め候補から切り捨てて提示できるので、誰かが立てた候補日に×を返すストレスも感じなくて済むわけですから、ものは考えようです。

　また、このときも、裁判所の期日調整などと同様、あなたとしてはいち早く予定を入力するよう心掛けたいものです。他の関係者が入力し終わった後、「○」の少ない予定を最後に入力するのはかなり勇気のいるものです。

いつまで経っても、この「複数の関係者の日程調整」の手間はなかなか軽減されません。候補日を挙げ、各人の都合を調整するだけなのに、立場や人間関係といった要素が面倒で非効率な作業にさせてしまうのです。それだけに、発言力の弱い新人のうちはストレスの供給源にならないように、積極的に調整・回答に動いておきたいところです。

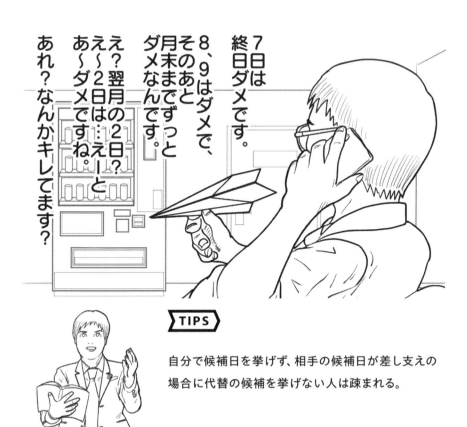

> TIPS
>
> 自分で候補日を挙げず、相手の候補日が差し支えの場合に代替の候補を挙げない人は疎まれる。

第 5 章　事務所外の関係者からも信頼されよう

6 SNSに足を引っ張られないこと

1　SNSとの距離感をつかもう

　2000年代に広告規制が撤廃されてからというもの、弁護士が社会で発信する機会はネット環境の発達・浸透とともに増え、SNSで盛んに発信する人も多くなりました。「事務所外の関係者」というにはやや異質な問題ではありますが、特に新人弁護士にとって心得ておくべき点を押さえておきましょう。

2　何のためのSNSか

　一部の弁護士がSNSに興じるのはなぜでしょうか。
　日々の仕事や人生の憂さを晴らしたり、日常の小さな幸せをつぶやいたり、日夜報道される社会問題を取り上げたりと、人によってSNSに求めるものは様々です。SNSがきっかけで同業者や隣接士業の方と繋がり、それが人間関係や業務の拡がりに発展するということも少なからずあります。
　ただ、弁護士は守秘義務（弁護士法23条）を負っていますから、少なくとも、自分の処理している事件や関わった案件について、それが特定・同定されてしまうような形で言及することは厳に控えなければなりません。これは至極当たり前のようでいて、実際にはかなりルーズなように思われてなりません。
　「自分はこんなに頑張っている」「自分は他の人と違うこんな気付きや意識を持って仕事に向き合っている」と世界に訴え、一つでも多くの「いいね」を獲得することはきっと素晴らしい、得がたい体験なのだろうと思います。とはいえ、そこで肝心の弁護士としての規範を踏み越えることがあってはなりません。特に、公開のSNSではあなたの相手方や依

頼人があなたを検索し、あなたを発見するや鵜の目鷹の目でその一挙手一投足を注視していると考えた方がよいでしょう。

実際に、「受任事件について個人や事案が特定できる内容をアップしている」「仕事は遅いのにSNSで頻繁につぶやいている」などとして、相手方や依頼人から当該の弁護士について弁護士会への苦情申し入れやクレームがなされるという事案は実際に見聞きするところです。それすらもSNSの醍醐味とみることができる人は多くはないだろうと思います。

3　匿名であれば安全か

では、匿名でのSNSであれば問題ないのかというと、話はそう単純ではありません。

あくまでも一般的な傾向ですが、匿名アカウントでの発信の方が実名のアカウントよりも、発言内容がより踏み越えたものになりやすく、また（誹謗中傷というレベルに至らなくても）他者に対する批判・批評の意見を述べることに無抵抗になりやすいように思われます。もとより、そうした実名によるある種の不自由さを回避するために匿名アカウントの運用を選択することも少なくないのでしょう。自分の士業としての社会的認知を上げることを目的としないのであれば、そうした匿名アカウントでの発信も合理的なように思えます。

とはいえ、特殊な方法を用いるのでない限り、匿名アカウントについても発信者情報開示請求によってその身元が明らかになる可能性は0ではありませんし、そこに至らなくても、リアルを知っている仲間内でのやりとりやふとした発言の内容から、発信した弁護士自身が同定されてしまうおそれというのは否定できません。

また、匿名アカウントを運用する者の素性が明らかになるか否かとは別に、SNSという沼の中でひたすら泥を掻き分ける作業に時間を費やすことの意味も考える必要があります。

第5章　事務所外の関係者からも信頼されよう　　179

4　レスバトルに身を投じるなかれ

　SNSの意義や捉え方は人それぞれで、私自身は、最新の判例や学術書の情報、社会的事象に対する鋭い意見・論稿など、有意な情報にいち早くかつ手軽に接することができる点では非常に重宝しています。

　また、不確かで不安定なことの多い法律事務の世界に身を置く者にとって、同じ境遇にある他者の悩みや苦労、喜びに触れることが心の支えになると感じることも少なくありません。これは、おそらく若手弁護士の方にとってはより大きな意味を持つのではないでしょうか。

　一方、SNS上で延々と他者と挑発や罵り合いの投稿の応酬を繰り拡げる行為については、私個人としては否定的に捉えています。中には、正当な発信行為に対する不当な攻撃をきっかけとして始まるケースもあるはずですし、弁護士として正しいと考える立場から世の中の誤りを正すためにSNSで発信する行為を、弁護士に期待される役割と捉える人もいるかもしれません。

　もっとも、そうしたレスバトルについてはそれ自体、非生産的で不毛なものという思いを拭えませんし、「職務の内外を問わず」品位を保つことを求められる弁護士は、そもそもそうしたルールのない殴り合いにおいてはかなり不利な立場に置かれています。

　少なくとも新人の弁護士の方にとっては、**その時間を使って他にこなすべきこと、得られるものがいくらでもあるはず**です。むしろそうした状況にあっては、自分に向けられた悪意を華麗にスルーする修練の場なのだと捉え、さっさとブロックするなりすると良いのではないかと思う次第です。

　SNSを仕事の活力とすることはあって良いはずですが、逆に仕事に支障を来すようであってはならないというのが私の考え方です。

　多くの弁護士がブログやSNSで盛んに意見を発信する景色は、業務広告禁止の時代からするとまさに隔世の感があります。個人的には、弁護士の多くは自信家・好戦的で、（仕事で多様な価値観と向き合う立場にある割に）視野が狭く、自分の意見や価値観と相容れない他者の意見に対して過度に攻撃的・防御的になりやすい職種だと感じています。そ

うした多くの弁護士がもつ気性は、社会が弁護士に期待し求める役割とは距離がありますし、特にSNSという媒体との親和性もそれほどあるようには思えません。今の時代にあっては、WEBやSNSが弁護士業務の足かせとならないような振る舞いが求められます。

SNSの利用が弁護士としての売上げに大きく貢献したという話はついぞ聞かない。

Column 5

病んでしまう法律家

依頼人やボス・先輩、事務所スタッフとの関係に悩み、業務継続が困難なほどの精神的ダメージを受けてしまう法律家は少なくありません。そうした「病んだ法律家」に至る過程は様々ですが、業務の量、内容ともに、とても自分だけでは処理しきれない状態に陥り、正常な業務処理のサイクルが保てない状態になっていることが共通しています。そうしたシビアな状況に追い込まれるまでには、法律家が依頼人やボス・先輩に対して述べるべき意見を述べられず、また案件ごとのリスク評価や受任・担当の適否も考えられずに、見通しの立たない困難案件や不採算な案件、単純に処理能力を超えた案件を数多く引き受けるというプロセスを経ることが実に多いのです。法律家が健全・健康に業務を行うには、依頼人やボス・先輩などに対してきちんと自らの意見を述べられ、かつ自分の処理能力に見合った業務を担当できることが必要です。ところが**ひとたび余裕を失うと、そうした当然の判断・対応すら困難**になります。

これを回避するには、やはり**身近に相談できる人を確保しておくこと**が大切です。我々は自分の能力を過信し、限界を見失いがちです。独力よりも誰かの助けを借りる方が適切に対処できる問題が多いことを普段の業務を通じて知っているはずなのに、**私たち法律家自身は他人に助けを請うことに過度に慎重になりがち**です。

何かに迷い、不安になったとき、困った問題に直面したとき、信頼できる誰かに相談し、その意見を求めることほど大切なことはありません。それによって初めて自分を客観視でき、再び正しい選択を行えるようになるのです。こうした関係は、普段から意識的に構築し、維持に務める必要があります。そして、あなた自身も同期や同僚など、繋がりのある人たちの不調・異変に気付き、手を差し伸べてあげられる存在でいてほしいと心から思うのです。

事項索引

あ

RPA ……………………………… 26

謝る ……………………………… 156

い

eラーニング ………………… 27, 64, 79

イソ弁を守らないボス ………………… 74

依頼人との関係 ……………………… 31

う

WEB ……………………… 16, 18, 20, 40,
　　51, 64, 78, 82, 89, 90, 96, 102, 104, 124, 176

WebEx ………………………… 104

打合せ ……………… 22, 36, 42, 73, 82, 84, 101

え

SNS ……………………… 20, 89, 178

か

会務 ……………… 15, 20, 74, 136, 170

過誤 ……………………… 30, 138, 172

感謝 ……………………… 13, 140

監督 ……………………… 58, 138

き

起案 ……………… 17, 18, 20, 22, 24

期限 ……………………………… 24,
　　66, 81, 82, 84, 96, 104, 119, 146, 148, 150, 159

期日 ……………………… 18, 40, 98

期日調整 ……………………… 159, 174

期待 … 45, 47, 56, 66, 70, 76, 120, 126, 132, 180

き（期待度）

期待度 ……………………………… 10

急を要する業務 ……………………… 22

距離（感）……………… 35, 161, 178

け

敬意 ……………………… 143, 156, 158

結論 ……………… 31, 44, 70, 95, 116, 132

研鑽 ……………………………… 132

こ

攻撃的 ……………………… 110, 161

交渉 …… 16, 58, 82, 84, 94, 152, 162, 166, 175

候補日 ……………………… 43, 174, 177

個人事件 ……………………… 59, 74, 128

言葉遣い ……………………… 55, 158

コミュニケーション
　　……………… 11, 12, 19, 35, 36, 122, 131, 136

困難 ……………………… 74, 114, 166, 169

さ

裁判官 …… 41, 99, 102, 104, 117, 118, 158, 168

雑事 ……………………… 60, 152

３年先のあるべき姿 ……………………… 13

し

仕掛かり中 ……………………… 25, 55

仕掛かり中の仕事 ……………………… 24

時間の短縮 ……………………………… 25

（事件）記録 ……………… 24, 38, 81, 98

事件番号 ……………………… 39, 99, 160

指導 ……………………… 58, 140, 144

183

「自分でやった方が早い」……………… 24

自分の事件 ………………………………… 68

自分の書式集 …………………………… 25

事務官 ……………………………… 99, 158

事務局スタッフ
　………… 23, 35, 36, 50, 58, 71, 124, 156

事務局スタッフへの指示 ……………… 68

事務局スタッフを守る ………………… 165

事務所事件 ……… 59, 68, 70, 74, 127, 138, 172

弱点 ………………………………………… 12

集客 ……………………………… 126, 134

情報の伝え方 …………………………… 30

ショートカット ………………………… 26

書記官 ……………… 97, 99, 105, 119, 158, 161

処理の方針 ……………………………… 69

（処理）方針 ……… 29, 31, 32, 43, 44, 94, 100

資料 ……………… 19, 24, 27, 29, 38, 43, 50

信頼関係
　… 32, 36, 70, 93, 123, 130, 134, 164, 167, 168

す

Zoom ……………………………… 19, 104

スキマ時間 ……………………………… 27

スキル
　……… 12, 20, 33, 46, 79, 88, 134, 135, 136, 137

スケジュール ………………… 22, 28, 149

ステップアップの機会 ………………… 15

せ

清潔 ……………………… 46, 48, 50, 52

整頓 …………………………… 50, 52

センセイ ………………………………… 10

線・面での評価 ………………………… 11

専門 ……………………………… 12, 28, 31,
　56, 58, 76, 92, 94, 127, 128, 130, 132, 135, 166

専門家としての責任 …………………… 31

そ

相談 ……………………………………… 32

相談する ………………………………… 30

た

タイムブロッキング …………………… 150

他資格 …………………………… 15, 128

タスク
　… 12, 22, 24, 50, 149, 150, 152, 153, 154, 174

誰かに渡せる仕事 ……………………… 23

単語登録 ………………………………… 26

ち

チーム ………………………… 51, 152

チャネル ……………………… 92, 134

懲戒 ……………… 28, 36, 74, 80, 110, 155

調査（・分析）……………… 11, 17, 20, 22

つ

机 ………………………………………… 23

机（周り）…………………………… 50, 53

強み …………………… 12, 92, 128, 137

て

（提出）期限 ………………………… 22

敵 ………………………………………… 163

敵（性証人）…………………………… 87

「手待ち」の状態 ……………………… 24

電話 …… 19, 27, 31, 34, 42, 54, 93, 104, 159, 160

と

同業者 ……… 10, 102, 135, 152, 172, 174, 178

ドラフト ……… 44, 66, 144, 146, 149, 150, 152

な

悩む ………………………… 54, 117, 146, 156

に

ニーズ 56, 70, 77, 107, 127, 130, 132, 133, 154

ね

ネットワーク（ネットワーキング）

……………………………………… 103, 128

の

望ましくない関係 …………………………… 74

は

バランス ………………………… 72, 127, 173

ひ

費用 ……………………………… 21, 71, 95, 133

ふ

FAX ………………………………………… 20

フィードバック …………………… 123, 140

不祥事 ………………………………………… 173

文書作成 ……………………………………… 17

へ

弁護過誤 ……………………………………… 28

弁護士会

……… 15, 19, 20, 35, 62, 79, 90, 136, 170, 179

弁護士職務基本規程 ………………… 32, 58

（弁護士としての）現在地 …………… 10

（弁護士としての）目的地 …………… 13

ほ

報連相（報告・連絡・相談）………… 28

ボス、先輩との関係 …………………… 28

ま

Microsoft Teams ………………… 102, 104

前倒し ……………………………… 149, 151

マナー ……………………… 11, 104, 160

み

ミス 26, 30, 61, 62, 93, 118, 122, 138, 141, 167

身だしなみ …………………… 46, 99, 158

見た目 ……………………………………… 46

mints ……………………………………… 96

め

メール ……………………………………… 20

メモ ……… 50, 73, 85, 101, 141, 143, 152

面談 ………………………………………… 19

や

役割分担 ……………………… 59, 71, 152

よ

要点に絞って伝える ………………… 30

り

リーガルリサーチ …………………… 86

利益相反 ……………………… 80, 129

185

利害関係 ·· 80, 127

リピーター ·· 134, 136

れ

レスポンス ······························ 31, 36, 54, 131

ろ

労働時間 ··· 16

録音 ······················· 34, 37, 57, 101, 160, 165

録画 ··· 101, 160

中村　真（なかむら・まこと）
略歴：2000年　神戸大学法学部卒業
　　　2003年　弁護士登録
　　　2014年　神戸大学法科大学院講師（ローヤリング）
　　　2015年　経済産業省中小企業庁・経営革新等支援機関認定
　　　　　　　神戸簡易裁判所民事調停官（～2019年9月）
　　　2018年　中小企業診断士登録
　　　2020年　兵庫県弁護士会副会長
　　　2021年　神戸大学大学院法学研究科　法曹実務教授
　　　　　　　神戸大学大学院法学研究科後期博士課程修了（租税法専攻）

ブログ：「WebLOG 弁護士中村真」(http://nakamuramakoto.blog112.fc2.com/)
ウェブサイト：https://nakamuramakoto.com

主要著書・論文等：『要件事実入門』（マンガ）（創耕舎、2014年）、『若手法律家のための法律相談入門』（学陽書房、2016年）、『破産管財PRACTICE』（編著、民事法研究会、2017年）、『裁判官！　当職そこが知りたかったのです。─民事訴訟がはかどる本─』（学陽書房、2017年）、『相続道の歩き方』（清文社、2018年）、『破産管財ADVANCED』（編著、民事法研究会、2020年）、『実務家が陥りやすい相続人不存在・不在者財産管理の落とし穴』（編著、新日本法規、2020年）、『まこつの古今判例集』（清文社、2021年）、『実務家が陥りやすい破産管財の落とし穴』（編著、新日本法規、2021年）、「所得税確定方式の近代及び現代的意義についての一考察─我が国及び豪・英の申告納税制度導入経緯を中心として─」（神戸大学大学院法学研究科博士論文、第一法規『自治研究』通巻1196～1198号、2023年）、『新版　若手法律家のための法律相談入門』（学陽書房、2022年）

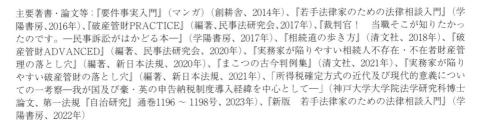

一生使えるスキルが身につく！
弁護士1年目の教科書

2024年11月8日　初版発行

著　者　　中　村　　真
発行者　　佐久間重嘉
発行所　　学　陽　書　房

〒102-0072　東京都千代田区飯田橋1-9-3
営業部　電話　03-3261-1111　FAX　03-5211-3300
編集部　電話　03-3261-1112
https://www.gakuyo.co.jp

ブックデザイン／LIKE A DESIGN（渡邉雄哉）
DTP制作・印刷／日本ハイコム　製本／東京美術紙工
★乱丁・落丁本は、送料小社負担でお取り替え致します。
ISBN 978-4-313-51202-3　C2032
©Makoto Nakamura 2024. Printed in Japan
定価はカバーに表示しています。

JCOPY　〈出版者著作権管理機構　委託出版物〉
本書の無断複製は著作権法上での例外を除き禁じられています。
複製される場合は、そのつど事前に、出版者著作権管理機構（電話
03-5244-5088、FAX 03-5244-5089、e-mail：info@jcopy.or.jp）の許
諾を得てください。

◎好評既刊◎

法律相談の定番本、
帰ってきました！

若手法律家の不安に寄りそい、ときにイラストで笑いを添え、好評を博した『若手法律家のための法律相談入門』。さらに内容を充実させた新版！

新版　若手法律家のための
法律相談入門

中村　真 [著]
A5判並製／定価2,970円（10%税込）

◎好評既刊◎

尋問は、「慣れる」より「習え」！

上達が難しい民事尋問について、著者の経験値を言語化！　具体例を豊富に取り上げながら、うまくいかない尋問の原因と対策を明らかに。

若手法律家のための
民事尋問戦略

中村 真［著］
A5判並製／定価3,520円（10%税込）

◎好評既刊◎

法律学習者のための 新しい「お仕事小説」!

行政法の事例問題をストーリー化! 弁護士の訴訟選択、要件検討、具体的事実のあてはめを追体験できる!

新人弁護士 カエデ、行政法に挑む

大島義則 [著]
A5判並製／定価2,420円（10%税込）

◎好評既刊◎

民事訴訟で裁判官が弁護士にする35の質問！

現役裁判官が「質問の意図」を明かし、弁護士が「どう対応すれば良いか」を解説！　裁判官の質問趣旨を理解し、的確な回答＆法廷対応ができるようになる！

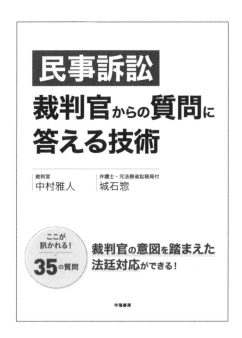

民事訴訟
裁判官からの質問に答える技術

中村雅人・城石　惣［著］
A5判並製／定価3,080円（10%税込）

◎好評既刊◎

相談前・相談中に素早く検索できる、弁護士実務のお守り本！

相談者とのコミュニケーションのコツから、相談分野別の重要知識、さらに、困ったときの対応のコツまでを解説した、弁護士必携の書！

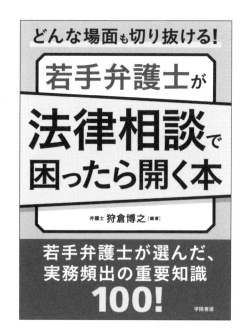

どんな場面も切り抜ける！
若手弁護士が法律相談で困ったら開く本

狩倉博之［編著］
A5判並製／定価2,970円（10%税込）